西

陕西省行政复议
典型案例评析

Shanxisheng Xingzheng Fuyi
Dianxing Anli Pingxi

参编◎雷苗苗　　田依苪　　康韩笑
　　　　王小丽　　杨浪沙　　李明照

中国政法大学出版社

2024 · 北京

图书在版编目（CIP）数据

陕西省行政复议典型案例评析 / 姬亚平，马晓燕，
杨永康主编. -- 北京：中国政法大学出版社，2024. 9.
ISBN 978-7-5764-1751-7

Ⅰ. D927.410.210.4

中国国家版本馆CIP数据核字第2024MK6550号

出　版　者　　中国政法大学出版社

地　　　址　　北京市海淀区西土城路 25 号

邮　　　箱　　fadapress@163.com

网　　　址　　http://www.cuplpress.com（网络实名：中国政法大学出版社）

电　　　话　　010-58908435(第一编辑部) 58908334(邮购部)

承　　　印　　固安华明印业有限公司

开　　　本　　720mm×960mm　1/16

印　　　张　　15.5

字　　　数　　237 千字

版　　　次　　2024 年 9 月第 1 版

印　　　次　　2024 年 9 月第 1 次印刷

定　　　价　　76.00 元

总　序

巍巍终南，积厚流光。

《西北公法论丛》是西北政法大学行政法学院（纪检监察学院）学科建设的成果展示。

西北政法大学行政法学院（纪检监察学院）坐落于古城西安，是国内以宪法学、行政法学、行政诉讼法学、监察法学、党内法规为核心，集教学与科研为一体，本科生和研究生培养并重的、公法特色鲜明、规模较大的专门学院。

学院前身是成立于1988年7月的行政管理（行政法）系，是经国务院批准的全国第一个法学本科行政法专业（系），1999年9月组建为法学三系，2006年10月成立行政法学院。为了适应从严治党、依规治党的新要求，经西北政法大学批准，2019年6月，行政法学院挂牌纪检监察学院，致力于建设纪检监察学科。

学院现设法学（行政法学方向）本科专业和宪法学与行政法学、监察法2个硕士点。宪法与行政法学科为陕西省重点学科，行政法学教学团队为陕西省教学团队，宪法学、行政法与行政诉讼法学为陕西省精品课程。行政法学获批教育部国家级"线上线下混合式"一流课程。学院"地方政府法治建设研究中心"为陕西省高校哲学社会科学重点研究基地，并管理"法治陕西协同创新研究中心"等研究机构。

学院坚持"师资兴院、学生旺院、教学立院、科研强院"的理念，高度重视学术创新空间的拓展与延伸，鼓励教师关注、思考法治国家建设中的公权力规范运行问题，努力为在法治轨道上推进国家治理体系与治理能力的现代化提供学理支撑、实践指引。《西北公法论丛》正是在前述理念与背景下出版问世的。

　　《西北公法论丛》的出版，不仅是西北政法大学行政法学院（纪检监察学院）继续实现高水平发展的标志，更为西北政法大学行政法学院（纪检监察学院）教师展示学术风貌、彰显创新性观点提供了科研平台。相信读者会从《西北公法论丛》的诸多著作中感受到西北政法大学公法学人对学术的敬畏、执着与探求！

西北政法大学行政法学院（纪检监察学院）

二〇二二年八月十一日

前　言

　　习近平总书记指出："全面推进依法治国的重点应该是保证法律严格实施。"严格规范公正文明执法，事关人民群众切身利益，事关党和政府法治形象。为全面贯彻落实党的二十大精神，深入学习领会习近平法治思想，坚持推进依法行政，全面建设法治政府，以高质量执法水平保障陕西高质量发展，我们特从陕西省 2020 年以来办理的行政复议案例中挑选出具有典型性代表的 62 件典型案例评析汇编成册。这些案例涉及行政处罚、行政强制执行、行政许可、行政征收、行政登记、行政确认、政府信息公开、行政批复、行政处理、行政裁决、行政协议、行政补偿等多种案由，每个案例都由审理要旨、基本案情、焦点问题分析、审理结果、典型意义等部分组成。本案例评析旨在为行政执法部门依法行政提供镜鉴，为全面推进法治政府建设发挥积极引导作用。我们诚挚希望，通过我们辛勤工作，能够助力各级行政执法部门补短板、强弱项，牢固树立执法为民理念，切实提升执法水平。

　　由于时间仓促，文字编辑不足之处在所难免，敬请批评指正。

主编

于 2023 年 9 月

目　录

一、行政处罚

案例一　某公司不服某市市场监督管理局行政处罚案

申　请　人　某公司　李某　任某某
被申请人　某市市场监督管理局
第　三　人　陕西某公司

关键词

商标注册　行政处罚　行政裁量　明显不当　变更决定

审理要旨

1. 行政机关在实施行政处罚时应遵循处罚和教育相结合的原则，综合考虑全案事实、性质、情节、社会危害程度等，在遵守相关法律法规的前提下，科学适用相关行政处罚裁量基准，努力兼顾行政处罚的社会效果和法律效果。

2. 复议机关对违法或者不适当行政行为进行全面审查，复议机关对行政行为拥有全面的判断权。行政行为明显不当的，复议机关有权予以变更。

基本案情

申请人某公司主要从事商标代理和质量体系认证咨询服务，申请人李某、任某某分别系某公司法定代表人、销售部经理。2021 年 12 月 2 日，申请人某公司因涉嫌恶意抢注东京奥运会中国运动员姓名作为商标被立案调查。2021 年 12 月 20 日、12 月 21 日，被申请人分别对李某、任某某进行了询问，任某某系案涉商标注册代理的直接责任人员，申请人在被申请人调查询问中配合调查，如实陈述违法事实并主动提供相关材料。2021 年 12 月 23 日，因某市应急管理需要，被申请人决定中止案件调查。2022 年 1 月 25 日，被申请人决定恢复案件调查。

经查明：2021 年 7 月 24 日，某公司与陕西某某公司签订《代理委托合同》《商标代理委托书》，委托事项为代理申请注册"杨倩 YangQian"第 33 类商标，调查查明陕西某某公司申请注册"杨倩 YangQian"第 33 类商标是为了转卖。2021 年 7 月 24 日，某公司在未获得杨倩本人授权的情况下，向国家知识产权局提交了"杨倩 YangQian"第 33 类商标注册申请，2021 年 8 月 2 日国家知识产权局向某公司作出《商标注册申请不予受理通知书》，以主体资格证明文件不清晰为由决定不予受理。2021 年 8 月 6 日，某公司第二次向国家知识产权局提交了"杨倩 YangQian"第 33 类商标注册申请。2021 年 8 月 18 日，国家知识产权局以申请人未经奥运冠军杨倩本人授权将其姓名作为商标申请违法为由向某公司作出《商标驳回通知书》。

2021 年 12 月 6 日，某公司发布《公司整改培训公告》，针对公司在商标代理注册中存在的问题，开展自查自纠及内部整改，对直接责任人员给予通报警告。2022 年 3 月 1 日，被申请人决定延长案件办理期限至 2022 年 5 月 2 日。2022 年 3 月 8 日，被申请人作出《行政处罚告知书》，告知申请人将对其作出行政处罚的内容及事实、理由、依据。

2022 年 4 月 10 日，被申请人作出《行政处罚决定书》，认定某公司在未取得杨倩本人授权的情况下，明知陕西某某公司申请注册"杨倩 YangQian"第 33 类商标不以使用为目的，依然接受其委托代理申请"杨倩 YangQian"的商标注册，李某作为某公司法定代表人、任某某作为销售部经理具有不可推卸的责任，其行为违反了《中华人民共和国商标法》第 4 条第 1 款、第 19 条第 3 款、第 32 条的规定，依据《中华人民共和国商标法》第 68 条第 1 款第 3 项的规定，责令当事人限期改正，并对当事人和相关责任人员处罚如下：

1. 对某公司给予警告、处 73 000 元罚款。

2. 对直接负责的主管人员李某给予警告、处 36 500 元罚款；对其他直接责任人员任某某给予警告、处 36 500 元罚款。

焦点问题分析

本案争议焦点包括：一是某公司申请注册商标是否构成恶意抢注；二是被申请人所作行政处罚决定是否属于明显不当；三是变更复议决定在本案中能否适用。

（一）关于某公司申请注册商标是否构成恶意抢注的问题

《中华人民共和国商标法》第4条第1款规定，不以使用为目的的恶意商标注册申请，应当予以驳回；第19条第3款规定，商标代理机构知道或者应当知道委托人申请注册的商标属于该法第4条、第15条和第32条规定情形的，不得接受其委托；第32条规定，申请商标注册不得损害他人现有的在先权利，也不得以不正当手段抢先注册他人已经使用并有一定影响的商标。在国家知识产权局公布的"《商标审查审理指南》重点问题一问一答——不以使用为目的的恶意商标注册申请的审查审理"中，明确指出"大量申请注册与知名人物姓名、知名作品或者角色名称、他人知名并已产生识别性的美术作品等公共文化资源相同或者近似标志的"属于"不以使用为目的的恶意商标注册"。

本案中，申请人某公司明知委托人陕西某某公司不以使用为目的，仍接受其委托代理申请以奥运冠军姓名作为商标的注册申请，两次向国家知识产权局提交商标注册申请。代理申请奥运冠军姓名为注册商标侵害他人在先权利，主观恶意明显，构成恶意抢注商标。

（二）关于被申请人所作行政处罚决定是否属于明显不当的问题

"明显不当"作为一个法律术语应当有它特定、精确的适用范围。一个基本的理解是，明显不当是基于行政裁量而言的。也就是，法律规定有多种可能的处理方式，行政机关享有裁量选择的空间，行政机关在这个裁量空间内明显处理不当。明显不当主要是从客观上和结果上来讲的，属于客观标准，如比例分寸没有把握好、没有遵循先例、同事不同罚等。《中华人民共和国行政处罚法》第5条第2款规定，设定和实施行政处罚必须以事实为依据，与违法行为的事实、性质、情节以及社会危害程度相当。因此，行政处罚的裁量本身不仅要具有合法性，而且要具有合理性。结合执法和司法情况，评判行政行为合理性的考虑因素大体上可以归为以下几个方面：①行政机关行使裁量权时没有考虑相关因素，或者考虑了不相关的因素；②行政机关没有遵循业已形成的裁量基准；③行政机关没有正当理由，违反行政先例；④行政机关违反了公认的法律原则，包括比例原则、平等原则、信赖保护原则等。因此，行政机关在实施行政处罚时应遵循处罚和教育相结合的原则，综合考虑全案事实、性质、情节、社会危害程度等，在遵守相关法律法规的前提下，科学适用相关行政处罚裁量基准，努力兼顾行政处罚的社会效果和法律效果。

在本案中，申请人在违法行为发生后进行积极整改，在被申请人调查询问中配合调查，如实陈述违法事实并主动提供相关材料，且相关违法行为尚未对社会造成实质损害，应适用《陕西省市场监督管理局行政处罚裁量权适用规则》第七条第 1 款第 3 项："从轻行政处罚指在依法可以选择的处罚种类和处罚幅度内，适用较轻、较少的处罚种类或者较低的处罚幅度。其中，罚款的数额应当在从最低限到最高限这一幅度中较低的 30% 部分。"以及第 11 条第 3 项"积极配合市场监管部门查处违法行为，如实陈述违法事实并主动提供证据材料的"有关可以减轻或者从轻处罚的认定，对申请人予以适用从轻处罚的裁量基准作出行政处罚。而被申请人在行政处罚中没有遵循业已形成的裁量基准，其做出的行政处罚决定属于行政行为明显不当。

（三）关于变更复议决定在本案中能否适用的问题

行政复议变更决定的本质是复议机关针对被申请的行政行为进行全面审查，据此作出一个新的行为而全部或者部分代替原行为。由于行政复议属于行政权的范畴，行政行为也属于行政权的范畴，行政机关上下级之间的领导和监督关系以及对行政管理活动在专业知识和工作性质上的共性，奠定了对行政自由裁量权实行监督的基础，所以《中华人民共和国行政复议法》[1] 第 1 条就明确规定复议机关可以对违法的或者不当的行政行为进行全面审查，审查的结果就是复议机关对行政行为拥有全面的判断权，自然就包括变更权。《中华人民共和国行政复议法》第 28 条第 1 款第 3 项规定，具体行政行为有下列情形之一的，决定撤销、变更或者确认该具体行政行为违法；决定撤销

---

〔1〕 本书中《中华人民共和国行政复议法》均使用案件审理时所用 2017 年修正版。

或者确认该具体行政行为违法的，可以责令被申请人在一定期限内重新作出具体行政行为：①主要事实不清、证据不足的；②适用依据错误的；③违反法定程序的；④超越或者滥用职权的；⑤具体行政行为明显不当的。

在本案中，被申请人所作出的行政处罚明显不当，根据《陕西省市场监督管理局行政处罚裁量权适用规则》有关从轻处罚的规定，罚款的数额应当在从最低限到最高限这一幅度中较低的 30% 部分。因此，复议机关有权针对本案的处罚金额予以变更。

审理结果

行政复议机关决定将《行政处罚决定书》的处罚内容变更为："1. 对某公司给予警告、处 37 000 元罚款；2. 对直接负责的主管人员李某给予警告、处 18 500 元罚款；3. 对其他直接责任人员任某某给予警告、处 18 500 元罚款"。

典型意义

在行政执法中，涉及行政处罚自由裁量权时，行政机关没有遵循业已形成的裁量基准而自由裁量，常常导致行政处罚结果不适当，行政相对人配合度低，行政处罚执行难度大，也引发大量行政复议和行政诉讼案件。面对这一执法困境，行政机关往往又难以对其行政处罚的幅度合理性进行有力说明，无法回应相对人的质疑。针对这一问题，各地有针对性地制定了行政处罚裁量权适用规则和裁量基准，指导规范行政执法部门正确行使行政处罚自由裁量权，为行使自由裁量权提供依据和基准，这就要求各行政机关在行政执法中必须科学理解和正确适用行政处罚裁量权适用规则和裁量基准，规范自由裁量行为，进而在行政处罚决定中将规则和基准作为依据加以引用，只有这样才能提高行政机关行政处罚自由裁量的水平，保证行政处罚自由裁量行为的规范性和科学性。

需要强调的是，撤销、变更、确认违法等多种决定形式在解决行政争议方面的功效是不同的。其中，变更决定可以借复议机关之手直接作出合法适当的行政行为，在实质性化解行政纠纷方面应当合理选用。这不仅能够减少行政成本，还能最大限度救济相对人受损的权利，同时能够实质性地化解纠纷，推进法治政府的建设。

案例二　某公司不服某区人力资源和社会保障局行政处罚案

申 请 人　某公司

被申请人　某区人力资源和社会保障局

关键词

劳动监察　行政复议调解　自由裁量　主渠道

审理宗旨

对行政裁量案件提起行政复议，行政复议机关可以按照自愿、合法的原则进行调解。对于符合法律规定能够使用调解的复议案件，复议机关应当本着"应调尽调""能调尽调"的原则，充分发挥行政复议作为化解行政争议的主渠道作用。

基本案情

2021 年 6 月 23 日，曾某、张某等 15 人到某区劳动保障监察大队投诉某公司欠其工资，某区劳动保障监察大队于 2021 年 7 月 6 日到工地现场做谈话笔录，了解到该公司承认拖欠曾某、张某等 15 人工资，没有按月核实工作量、没有编制工资表并经工人签字确认，且未与工人签订劳动合同。2021 年 7 月 6 日某区劳动保障监察大队向申请人某公司下发《责令改正决定书》，要求其于 2021 年 7 月 9 日前与现场招用的农民工订立劳动合同、于 2021 年 7 月 9 日前按月考核农民工工作量，并编制工资支付表，经农民工本人签字确认后交施工总承包单位，并报送至某区劳动保障监察大队。申请人未在期限内按照《责令改正决定书》要求进行改正并报送相关资料；某区人力资源和社会保障局于 2021 年 7 月 16 日向该公司下发《行政处罚事先告知书》《行政处罚听证告知书》，申请人未提出听证要求；某区人力资源和社会保障局于 2021 年 7 月 27 日向申请人下发《行政处罚决定书》，对申请人处以罚款人民币 7 万元的行政处罚。申请人认为其拖欠劳动工资存在项目建设方资金短缺未按时支付总承包单位工程进度款的客观原因，且在处罚决定下达之前，申请人已经做了大量的工作，发放了农民工工资，主动消除了危害后果，减轻了社会影响，且正处于疫情防控期间，企业面临困难较多，因此申请行政复议，要求撤销行政处罚决定。经调查，申请人虽协调解决了部分农民工工资，但其在复议期间提交的工资支付表与实际不符，且未在被申请人责令改正期间完成整改。

焦点问题分析

本案的争议焦点是行政复议机关可否对此案进行调解？

1. 行政复议案件适用调解的条件。根据《中华人民共和国行政复议法实施条例》第50条的规定，有下列情形之一的，行政复议机关可以按照自愿、合法的原则进行调解：①公民、法人或者其他组织对行政机关行使法律、法规规定的自由裁量权作出的具体行政行为不服申请行政复议的；②当事人之间的行政赔偿或者行政补偿纠纷。可见行政裁量案件、行政赔偿案件、行政补偿案件是属于行政复议调解的案件类型。同时，根据最新的司法解释，行政协议案件也属于可以调解的范围。

2. 此案是否属于行政复议调解的案件类型？显然，本案不属于行政补偿案件、行政赔偿案件和行政协议案件。因此，本案的难点在于认定被申请人作出的处罚决定是否属于行政裁量的情形。根据《劳动保障监察条例》第26条、第27条第1款和第30条第1款第3项的规定，"用人单位有下列行为之一的，由劳动保障行政部门分别责令限期支付劳动者的工资报酬、劳动者工资低于当地最低工资标准的差额或者解除劳动合同的经济补偿；逾期不支付的，责令用人单位按照应付金额50%以上1倍以下的标准计算，向劳动者加付赔偿金：（一）克扣或者无故拖欠劳动者工资报酬的；（二）支付劳动者的工资低于当地最低工资标准的；（三）解除劳动合同未依法给予劳动者经济补偿的。""用人单位向社会保险经办机构申报应缴纳的社会保险费数额时，瞒报工资总额或者职工人数的，由劳动保障行政部门责令改正，并处瞒报工资数额1倍以上3倍以下的罚款。""经劳动保障行政部门责令改正拒不改正，或者拒不履行劳动保障行政部门的行政处理决定的"。结合本案，被申请人作出的处罚决定属于行政裁量行为。因此，复议机关在行政复议过程中可以对本案适用调解制度，并依法作出《行政复议调解书》。

审理结果

行政复议机关作出《行政复议调解书》，将原《行政处罚决定书》关于对申请人的罚款数额，由原来罚款 7 万元调整为罚款 5 万元并免除滞纳金，申请人应当自文书送达之日起 7 个工作日内履行完毕，若逾期不缴罚款，调解协议失效，仍按原处罚决定书执行罚款 7 万元与滞纳金。

典型意义

与日趋增多的行政纠纷相对应的是原有的行政复议、诉讼审理方式的力不从心，"案结事不了"的情况普遍存在，并且经常进一步演化升级为上诉、申诉、上访等。与原有单一的以"复议决定"形式结案的审理方式相比，行政复议调解具有无可比拟的优势，除了方便快捷、成本低廉以外，更主要的优势乃在于调解更有利于找出产生行政纠纷的症结并着重于解决争议，在调解过程中，复议机关能够对当事人之间存在的多种矛盾和问题统筹进行考量，行政复议机关可以调动各方面因素，多方面多途径地对行政争议予以彻底解决。从而可能形成"双赢"的局面，真正做到"案结事了"。一方面，行政复议调解运用合理原则，兼顾行政目标的实现和相对人权益的实现，将行政目标实现可能对相对人权益造成的不利影响控制在最小限度范围内，通过对行政自由裁量权行使的控制，维护和发展公民权。另一方面，行政复议调解作为行政主体与相对人进行沟通、协调的有效桥梁，使相对人对行政行为的意见及时、通畅地反馈到行政主体，双方能够直接沟通，增进信任与合作，增强行政主体解决行政争议的主动性和针对性，改善行政主体与相对人之间的关系，从而避免许多潜在冲突爆发。积极践行新时代"枫桥经验"，力争使矛盾纠纷化解在复议阶段，充分发挥行政复议公正高效、便民为民的制度优势，把行政复议化解行政争议的主渠道作用发挥好、彰显好，准确把握行政复议工作的群众属性和法律属性，坚持情、理、法并用，进一步优化营商环境。

案例三　某公司不服陕西省药品监督管理局行政处罚案

申 请 人　某公司
被申请人　陕西省药品监督管理局

关键词

行政处罚　药品许可　药品添加剂　劣药　情节严重

审理要旨

1. 根据《中共中央办公厅、国务院办公厅关于印发〈陕西省机构改革方案〉的通知》（厅字〔2018〕114 号），陕西省药品监督管理局是陕西省市场监督管理局管理的部门管理机构。陕西省药品监督管理局负责制定药品、医疗器械和化妆品监管制度，负责药品、医疗器械、化妆品生产环节的许可、检查和处罚，以及药品批发许可、零售连锁总部许可、互联网销售第三方平台备案及检查和处罚。据此，陕西省药品监督管理局作为部门管理的单位具备被申请人的主体资格。

2. 根据 2015 年《中华人民共和国药品管理法》第 49 条第 3 款第 5 项规定，擅自添加着色剂、防腐剂、香料、矫味剂及辅料的，按劣药论处。某公司擅自添加注册批件规定处方以外的辅料生产的甲药品及乙药品，应当按劣药论处。

3. 根据 2007 年《药品注册管理办法》第 113 条规定，修改药品注册标准、变更药品处方中已有药用要求的辅料、改变影响药品质量的生产工艺等的补充申请，由省、自治区、直辖市药品监督管理部门提出审核意见后，报送国家食品药品监督管理局审批，同时通知申请人。某公司自 2016 年 1 月至 2019 年 3 月期间生产甲药品及乙药品，每批次生产分别添加注册批件规定处方以外的辅料添加剂 H、添加剂 I，未履行上述法律法规规定的申请及审批程序，未按照国家食品药品监督管理局批准的药品注册标准进行药品生产。

4. 根据《陕西省食品药品行政处罚自由裁量权适用规则（试行）》第 15

条第 1 款，"认定'情节严重'，法律、法规和规章没有规定或者规定不明确的，应当考虑以下因素综合认定：……（二）违法行为持续时间一年以上……"该规则第 14 条第 2 项和第 6 项规定，明知或者应当知道是违法产品，仍然生产、经营、使用的；违法行为持续时间较长（6 个月以上）的应当从重处罚。某公司违法生产药品主观故意明显，违法行为持续时间长达 3 年多。综上所述，某公司的行为应当认定为情节严重，应当从重处罚。

基本案情

某公司成立于 2002 年 10 月 8 日，经营范围为片剂、硬胶囊剂的生产；中药前处理及提取；开发、生产化工产品；货物与技术的进出口经营。该公司持有的《药品生产许可证》签发日期为 2016 年 3 月 8 日，有效期至 2020 年 12 月 31 日。陕西省药品监督管理局（以下简称"省药监局"）于 2014 年 4 月 2 日为该公司颁发《药品 GMP 证书》，有效期至 2019 年 4 月 1 日。

2005 年 12 月 28 日，就甲药品的研发生产，某公司通过国家食品药品监督管理局的药品注册，取得新药证书及药品批准文号。2015 年 10 月 20 日，获得了省药监局的药品再注册批准，药品批准文号有效期至 2020 年 10 月 19 日。其中附具的药品处方为：添加剂 A125g、添加剂 B335g、添加剂 C98.5g、添加剂 D27.5g。2010 年 12 月 31 日，就乙药品的研发生产，某公司通过国家食品药品监督管理局的药品注册，取得药品批准文号。2015 年 10 月 20 日，获得了省药监局的药品再注册批准，药品批准文号有效期至 2020 年 10 月 19 日。其中附具的药品处方为：添加剂 E125g（纯品），添加剂 F300g，添加剂 G220g。

2019 年 5 月 7 日，省药监局接到举报称：某公司在甲药品、乙药品生产过程中，严重违反处方和工艺，擅自使用未经批准的辅料。

省药监局认定：某公司在 2016 年 1 月至 2019 年 3 月期间生产甲药品和乙药品过程中，每批次生产甲药品及乙药品时分别添加注册批件规定外的辅料添加剂 H、添加剂 I，擅自添加辅料，依照 2015 年《中华人民共和国药品管理法》的相关规定属于生产劣药，应当予以处罚，立案调查期间，省药监局对某公司的留样室和成品库房进行了查封，扣押了相关工作人员的电脑主机等物品。

2021 年 1 月 12 日，省药监局作出行政处罚决定：某公司行为违反了 2015 年《中华人民共和国药品管理法》第 49 条第 1 款、第 3 款第 5 项之规定，依据 2015 年《中华人民共和国药品管理法》第 74 条之规定，决定对该制药公司给予以下行政处罚：①没收劣药××盒（甲药品××盒、乙药品××盒）；②没收违法所得××元；③处货值金额××元 3 倍罚款××元，责令停产、停业整顿。

焦点问题分析

本案的争议焦点包括：一是被申请人是否具备主体资格；二是劣药如何认定；三是批准药品处方后，变更处方的合法程序是什么；四是药品监管领域中，情节严重的判断标准是什么。

（一）关于被申请人是否具备主体资格的问题

2017 年《中华人民共和国行政处罚法》第 15 条规定，行政处罚由具有行政处罚权的行政机关在法定职权范围内实施。2015 年《中华人民共和国药品管理法》第 5 条第二款规定，省、自治区、直辖市人民政府药品监督管理部门负责本行政区域内的药品监督管理工作。省、自治区、直辖市人民政府有关部门在各自的职责范围内负责与药品有关的监督管理工作。本案中，省市场监督管理局（以下简称“省市监局”）负有对本行政区域内的食品药品安全监管职责，是适格的行政主体，由其做出的行政处罚决定符合法律规定。据《中共中央办公厅、国务院办公厅关于印发〈陕西省机构改革方案〉的通知》（厅字〔2018〕114 号），省药监局是省市监局管理的部门管理机构。省药监局负责制定药品、医疗器械和化妆品监管制度，负责药品、医疗器械、化妆品生产环节的许可、检查和处罚，以及药品批发许可、零售连锁总部许可、互联网销售第三方平台备案及检查和处罚。据此，省药监局作为部门管理的单位具备被申请人的主体资格。

（二）关于劣药如何认定的问题

2015 年《中华人民共和国药品管理法》第 100 条规定，药品是指用于预防、治疗、诊断人的疾病，有目的地调节人的生理机能并规定有适应症或者功能主治、用法和用量的物质，包括中药材、中药饮片、中成药、化学原料药及其制剂、抗生素、生化药品、放射性药品、血清、疫苗、血液制品和诊断药品等。辅料是指生产药品和调配处方时所用的赋形剂和附加剂。第10条规定，除中药饮片的炮制外，药品必须按照国家药品标准和国务院药品监督管理部门批准的生产工艺进行生产。

药品所含辅料在审批过程中系经过科学论证和试验检测而予以确定，未经批准擅自添加辅料的行为，可能会改变药品的理化性质和药效，影响药品质量。2015年《中华人民共和国药品管理法》第49条第1款规定，禁止生产、销售劣药。第49条第3款第5项规定，擅自添加着色剂、防腐剂、香料、矫味剂及辅料的，按劣药论处。同时第77条规定，对假药、劣药的处罚通知，必须载明药品检验机构的质量检验结果；但是，该法第48条第3款第1、2、5、6项和第49条第3款规定的情形除外。本案某公司擅自添加辅料，符合例外情况，载明药品检验机构不是必要事项。依照上述法律的规定，某公司擅自添加注册批件规定处方以外的辅料生产的甲药品及乙药品，应当按劣药论处。

（三）关于批准药品处方后，变更处方的合法程序的问题

2007年《药品注册管理办法》第110条第1款规定，变更研制新药、生产药品和进口药品已获批准证明文件及其附件中载明事项的，应当提出补充申请。第111条规定，申请人应当填写《药品补充申请表》，向所在地省、自治区、直辖市药品监督管理部门报送有关资料和说明。第113条第1款规定，修改药品注册标准、变更药品处方中已有药用要求的辅料、改变影响药品质量的生产工艺等的补充申请，由省、自治区、直辖市药品监督管理部门提出审核意见后，报送国家食品药品监督管理局审批，同时通知申请人。而某公司自2016年1月至2019年3月期间生产甲药品及乙药品，每批次生产分别添加注册批件规定处方以外的辅料添加剂H、添加剂I，未经履行上述法律法规规定的申请及审批程序，未按照国家食品药品监督管理局批准的药品注册标准进行药品生产。

（四）关于药品监管领域，情节严重的判断标准的问题

2015年《中华人民共和国药品管理法》第74条规定生产、销售劣药的，

没收违法生产、销售的药品和违法所得，并处违法生产、销售药品货值金额 1 倍以上 3 倍以下的罚款；情节严重的，责令停产、停业整顿或者撤销药品批准证明文件、吊销《药品生产许可证》《药品经营许可证》或者《医疗机构制剂许可证》；构成犯罪的，依法追究刑事责任。某公司生产劣药的行为违反了 2015 年《中华人民共和国药品管理法》第 49 条第 1 款及第 3 款第 5 项之规定，应当按照生产劣药论处。该情形符合《陕西省食品药品行政处罚自由裁量权适用规则（试行）》第 15 条第 1 款，"认定'情节严重'，法律、法规和规章没有规定或者规定不明确的，应当考虑以下因素综合认定：……（二）违法行为持续时间一年以上……"该规则第 14 条第 2 项和第 6 项规定，明知或者应当知道是违法产品，仍然生产、经营、使用的；违法行为持续时间较长（6 个月以上）的应当从重处罚。该公司违法生产药品主观故意明显，违法行为持续时间长达 3 年多。综上所述，某公司的行为应当认定为情节严重，应当从重处罚。

审理结果

行政复议机关决定维持省药监局作出的《行政处罚决定书》。

典型意义

药品安全涉及人民群众的生命安全和身体健康，必须实施严格监管，防范杜绝假药、劣药对人民群众生命健康造成损害。习近平总书记强调：要切实加强食品药品安全监管，用最严谨的标准、最严格的监管、最严厉的处罚、最严肃的问责，加快建立科学完善的食品药品安全治理体系，严把从农田到餐桌、从实验室到医院的每一道防线。药品直接关系着人民群众的身体健康和生命安全，确保药品安全就是最大的民生。

近几年的一系列药品安全事件，不仅表明了我们药品安全方面存在很多问题，更重要的是对人民群众的生命财产造成了重大损失，在社会上造成了恶劣影响。药品监督管理部门对生产销售假药、劣药的违法行为依法查处，可以在严格把握行政处罚从重情节的基础上，吊销企业的药品生产行政许可，切断危害人民群众生命健康的假药、劣药生产销售链条。本案中，行政复议机关依法支持药品监督管理部门对医药企业违反药品管理规范的处罚行为，是认真贯彻落实依法行政要求的具体体现。行政机关依法查处不良药品企业生产假药、劣药行为，根据违法行为的事实、性质、情节以及社会危害程度行使行政裁量权做到了过罚相当、宽严相济和严格规范公正文明执法，符合依法行政的具体要求。

案例四　某有限公司不服某区市场监督管理局行政处罚案

申 请 人　某有限公司
被申请人　某区市场监督管理局

关键词

食品安全　进货查验义务　一事不再罚　程序正当

审理要旨

1. 行政机关判断经营者是否履行"进货查验义务",要根据法律规定和具体情形综合判定。如果经营者提供了生产企业资质文件和生产企业出厂检验报告及进货票据,生产企业的出厂检验报告即为其他合格证明。上述情形能够证明依法履行进货查验义务,符合《中华人民共和国食品安全法》第53条第1款的规定。

2. 食品生产企业可以自行对所生产的食品进行检验,也可以委托符合《中华人民共和国食品安全法》规定的食品检验机构进行检验,申请人没有在进货时必须进行委托检验或重复索要合格证明文件的法定义务。被申请人不能苛求申请人在应对国家行政机关检查时保持充分、清晰且理性的头脑,也不能苛求申请人在进货时再行检验或重复索要合格证明文件,这样的要求在一定程度上会影响市场经济效率的最大化,不利于优化营商环境。

3. 建立食品销售记录制度要区分食品批发与食品零售的关系。食品零售,不属于食品批发,无建立食品销售记录制度的法定义务。食品批发为食品销售的中间环节,食品零售为食品销售的最终环节,二者的法定义务存在差异。

4. 行政机关作出行政决定应适用法律正确。若被申请人认定申请人未能履行进货查验义务,未依法建立食品进货查验记录制度和食品销售记录制度,应当依据《中华人民共和国食品安全法》第126条之规定予以处罚,而非第124条。

5. 行政机关要正确适用"一事不再罚原则"。根据《中华人民共和国行政处罚法》第29条的规定："对当事人的同一个违法行为，不得给予两次以上罚款的行政处罚。同一个违法行为违反多个法律规范应当给予罚款处罚的，按照罚款数额高的规定处罚"。"一事"对应"一个当事人""一个违法行为"。

6. 行政机关作出行政处罚决定要求程序合法正当。要严格经过立案、调查取证、案件延期办理审批、调查结果审查、行政处罚决定前的告知、答复，申请人的陈述申辩、行政处罚决定作出等关于行政处罚程序的规定。

基本案情

申请人认为，20××年11月30日，被申请人对申请人进行现场检查，由于申请人公司资料员休假，法定代表人解某某未能现场提供出厂检验报告、进货票据、营业执照、生产许可证等相关进货资料，但按照被申请人要求，申请人按时提供了相关进货资料。被申请人在其作出的行政处罚决定书上列举的证据明确写着有出厂检验报告、进货票据、营业执照、生产许可证等相关资料，但被申请人以未查验出厂检验合格证和未履行进货查验义务为由对申请人进行了行政处罚。申请人销售的饮用水系由某市某公司生产，涉案批次产品出现质量问题后，某市市场监督管理局已经对生产方某市某公司进行了行政处罚，国家官方网站已经对申请人和某市某公司两家公司进行了通报，根据"一事不再罚原则"，在申请人索证索票完整的情况下，应当免于处罚。申请人认为被申请人存在不平等执法，被申请人对存在同样不合格行为的其他经营者罚款5000元，而对申请人开出了17 080元的罚单。申请人还认为被申请人作出的行政处罚决定书上时间出现错误，20××年3月14日申请人未提交申辩书，该行政处罚决定书不严谨。

被申请人认为，20××年11月29日其通过系统收到的核查处置任务显示，申请人某有限公司经营的由某市某公司20××年11月1日生产的饮用水抽样检验不合格。被申请人于20××年11月30日对申请人进行现场检查。申请人未能现场提供购进的由某市某公司20××年11月1日生产饮用水的出厂检验合格证和其他合格证明及相关入库查验记录。被申请人现场责令申请人立即依法进行整改，对问题食品进行召回，并于当日向申请人送达了检验报告。20××年12月10日被申请人对申请人进行立案调查，因受疫情影响，经被申请人机关负责人批准，被申请人对案件作出延期30日的决定。案件调查终结后，被申请人于20××年3月10日向申请人送达《行政处罚告知书》。申请人提交《陈述申辩书》后，被申请人于20××年3月25日向申请人送达《陈述申辩答复书》，对申请人提出的陈述申辩意见进行了书面答复，并向申请人送达《行政处罚决定书》，整个程序合法。申请人在20××年11月30日被申请人现场检查后虽提供了出厂检验报告、委托检验报告等资料，但上述证据仅能证明申请人积极配合被申请人调查，以上证据资料能作为被申请人对申请人减轻处罚的依据，并不能证明申请人履行了进货查验义务。申请人在购进抽检不合格同批次饮用水时，未查验出厂检验合格证，未完全履行进货查验义务，不符合《中华人民共和国食品安全法》关于免于处罚的规定。且《中华人民共和国食品安全法》第136条的规定为"可以免予处罚"，并非"应当免于处罚"。被申请人针对申请人经营不符合食品安全标准产品的违法行为只作出了一次罚款的行政处罚，该处罚并不违反《中华人民共和国行政处罚法》第29条的规定。申请人系于20××年3月14日向被申请人提交了《陈述申辩书》，被申请人于20××年3月25日向申请人送达《陈述申辩答复书》。其于20××年3月25日向申请人送达的《行政处罚决定书》中出现的时间错误为笔误，被申请人已对上述笔误内容进行了更正。

行政复议机关经审理查明，被申请人于20××年11月29日通过系统收到核查处置任务，显示申请人经营的由某市某公司生产的饮用水不符合食品安全国家标准，被申请人通过对申请人进行现场检查、调查询问，认定申请人未能履行进货查验义务，生产经营不符合法律、法规或食品安全标准的食品、食品添加剂，对申请人处以没收违法所得及罚款15 000元。申请人认为其已经履行进货查验义务，被申请人违反一事不再罚原则及合理性原则对其进行处罚的行为不当，向本机关提起行政复议申请，请求撤销行政处罚决定书。

焦点问题分析

本案争议的焦点问题有三个：一是涉案批次产品出现质量问题后，被申请人在对申请人现场检查时，申请人没能现场提供出厂检验报告、进货票据等相关进货资料，后按照执法人员要求按时按点提供了相关进货资料，能否认定为申请人未按规定履行进货查验义务；二是被申请人认定申请人未能履行进货查验义务及建立食品进货查验记录制度和销售记录制度，进而依据《中华人民共和国食品安全法》第124条关于生产经营不符合法律、法规或者食品安全标准的食品、食品添加剂的规定作出处罚，处罚的依据是否恰当。三是被申请人的行为是否违反"一事不再罚原则"。

（一）是否履行"进货查验义务"的认定问题

关于申请人于被申请人现场检查时提供了生产企业资质文件，并于当日提供了生产企业的出厂检验报告及进货票据，生产企业的出厂检验报告即为其他合格证明，这些情形能够证明申请人依法履行了进货查验义务。至于被申请人认为"申请人应当于被申请人现场检查时即提供委托第三方出具的检验报告"，行政复议机关认为，申请人没有在进货时必须进行委托检验或重复索要合格证明文件的法定义务，被申请人不能苛求食品经营者在应对国家行政机关检查时保持充分、清晰且理性的头脑，也不能苛求食品经营者在进货时再行检验或重复索要合格证明文件，这样的要求一定程度上会影响市场经济效率的最大化，况且申请人后续提供的依法成立的第三方检验机构检验合格报告与其提供的出厂检验报告结论一致。因此，被申请人以申请人在现场检查时当场未能提供出厂检验报告、第三方检验报告及相关入库查验记录即认定申请人未能履行进货查验义务，被申请人认定事实的依据并不充分，事实认定有误。

（二）关于食品销售记录制度和食品进质查验记录制度适用法律依据的问题

关于建立食品进货查验记录制度和食品销售记录制度，进而依据《中华人民共和国食品安全法》第124条关于生产经营不符合法律、法规或者食品安全标准的食品、食品添加剂的规定作出处罚，处罚的依据是否恰当的问题，基于本案案情，申请人是在依据出厂检验合格报告的前提下经营销售案涉饮用水，其经营销售的全过程并不知道案涉饮用水不符合食品安全标准，并非经营不符合法律、法规或者食品安全标准的食品，被申请人依据《中华人民共和国食品安全法》第124条的规定作出处罚并不恰当。本案中，若认定申请人未能履行进货查验义务，未依法建立食品进货查验记录制度和食品销售记录制度，也应当依据《中华人民共和国食品安全法》第126条的规定予以处罚。

（三）关于被申请人是否违反"一事不再罚原则"的问题

被申请人未违反"一事不再罚原则"的规定。案涉行政处罚行为仅针对食品经营行为和食品经营者，且被申请人就该行为对申请人此前并未作出其他任何的行政处罚，因此，被申请人并未违反《中华人民共和国行政处罚法》关于"一事不再罚原则"的规定。

审理结果

行政复议机关认为被申请人对申请人的行政处罚决定程序合法，但对申请人的行政处罚事实认定有误，且事实认定与处罚适用的法律之间不一致，存在适用法律不当之处，根据《中华人民共和国行政复议法》第28条第1款第3项规定，决定撤销被申请人作出的行政处罚决定。

典型意义

依法行政是行政机关必须坚守的基础性原则。在具体执法中，尤其是行政处罚决定作出中必须认定事实清楚，适用法律正确，程序合法正当。同时，合理行政是行政机关必须注重的关键性原则，行政职权行使的合理性是实质法治的重要彰显。行政机关还需清楚认识规范执法并不是机械适用法律，对本案中涉及的"是否履行进货查验义务""是否建立销售记录制度""是否违反一事不再罚原则"等问题应具体问题具体分析，综合运用行政合理性原则和公平正义原则，尤其是把比例原则与行政裁量权行使有效结合起来，作出既能规范执法又能保障相对人合法权益的行政处罚决定。只有这样，才能更好推动法治化营商环境的建设和优化，助力法治政府建设新征程。

案例五　某物业公司不服某区市场监督管理局行政处罚案

申 请 人　某物业公司
被申请人　某区市场监督管理局

关键词

转供电　价格监督　过程性行政行为　行政处罚

审理要旨

1. 责令改正作为一种行政命令，内涵丰富，根据其命令型、处罚型、执行型等特点，可从以下几方面认定：①如果行政法律法规仅仅规定了责令改正，应当视为单独的行政处罚。有的行为虽然用"责令"形式来表达，但它实质上属于行政处罚行为。例如"责令停产停业"，本身就是《中华人民共和国行政处罚法》第9条规定的处罚种类。②如果行政法律法规规定在作出行政处罚时，"应当"责令改正的，则应将责令改正视为附属于行政处罚的从行政行为，不是独立的行政处罚，而是一种行政命令。因为它是意思表示行为而不是物理行为。行政命令从行政法理论上讲，作为一种程序行为被后续的行政行为吸收。③如果行政法律法规规定在作出行政处罚时，"可以"责令改正的，行政机关应当按照《中华人民共和国行政处罚法》第28条第1款的规定责令改正。此时行政机关实质上并无是否责令改正的裁量权，责令改正亦为行政处罚的先行行为或者后续行为，不具有独立的行政处罚的地位。

2. 责令改正通知书能否纳入行政复议受案范围，要取决于该行政行为的效力。如果行政行为确实对行政管理对象产生不利影响，就应当应其请求予以复议；如果行政行为仅是行政机关初期的或程序上过程中的措施，对行政管理对象没有产生实际影响，就不能予以复议。

3. 对同一连续违法事实的不同阶段基于不同的理由虽作出多个不同行政行为，但最终影响相对人权利义务的是行政处罚行为，过程中的行为也是程序合法正当的体现。

基本案情

2021年11月19日，被申请人接到投诉举报，称申请人多收取商户电费，未按规定退还电费差价。11月26日被申请人到申请人所在地依法就转供电进行现场检查，申请人未提供相关票据，执法人员现场下发《限期提供材料通知书》，限其7个工作日内提供2018年8月至2021年11月底向供电局交费票据，以及2018年8月至2021年12月底收取商户电费票据。此后，经被申请人执法人员多次催促，申请人以财务人员频繁变动、票据未保留为由，仅提供其催收取商户2021年1月至2021年9月电费的催费单、2020年12月至2021年10月电力公司电费清单，未提供《限期提供材料通知书》文书规定的全部材料。

2022年2月25日，被申请人依据《价格违法行为行政处罚规定》第14条的规定，因申请人拒绝提供价格监督检查所需资料，下发《责令改正通知书》，限其2022年2月28日前按照要求提供所需资料，同时下发《当场行政处罚决定书》给予申请人警告的行政处罚。2022年3月1日，被申请人为继续调查了解申请人涉嫌不执行政府指导电价行为，依法再次下发《限期提供材料通知书》，要求其提供2018年8月至2022年2月其向供电局交商业电费的凭证及收取商户商业电费凭证。申请人不服，向某区政府提起行政复议。

焦点问题分析

本案焦点问题有三个：一是财务人员频繁变动、票据未保留是否可以作为不提供价格监督检查所需资料的正当理由；二是被申请人针对同一事件先后作出"二通知一决定"三次处理是否程序违法；三是责令改正通知书是否能够作为行政复议审查对象。

（一）财务人员频繁变动、票据未保留是否可以作为不提供价格监督检查所需资料的正当理由问题

本案中，申请人认为其未能提供价格监督检查资料系有正当理由，即财务人员频繁变动、票据未保留，因此申请人并没有拒绝提供价格监督检查所需资料或者提供虚假资料的，所以根本不存在责令改正问题，被申请人以该

条规定为依据对申请人作出当场行政处罚明显有误。财务人员频繁变动、票据未保留是否可以作为不提供价格监督检查所需资料的正当理由，还是要根据客观证据来判定。根据调查，其理由既不符合《会计档案管理办法》中对企业财务票据管理的规定，也不能成为拒绝执行被申请人《限期提供材料通知书》的正当理由。

（二）被申请人针对同一事件先后作出"二通知一决定"三次处理是否程序违法的问题

2022年2月25日，被申请人下发《责令改正通知书》，同时下发《当场行政处罚决定书》给予申请人警告的行政处罚。2022年3月1日，被申请人再次下发《限期提供材料通知书》，申请人认为被申请人仅在一周之内对同一事件作出三次不同处理，程序违法。被申请人下发三次通知是否属于程序违法，主要看其行为是否是三次行政处罚行为，如果是则有可能违反"一事不再罚原则"。本案中三次下发通知的行为只有警告属于行政处罚行为，责令行为并不是对违法行为的最终处理，对申请人的权利义务不产生实际影响，不属于独立的行政处罚行为。因此从程序上来看被申请人并未程序违法。

（三）责令改正通知书是否能够作为行政复议审查对象的问题

责令改正通知书是否能够作为行政复议审查对象，要看该行为是否属于过程行为被行政处罚行为吸收，如果是，就不能单独进行行政复议，因为其未对申请人权利义务产生实际影响。本案中被申请人作出《责令改正通知书》并无不当，根据《中华人民共和国行政处罚法》第28条第1款的规定，行政机关实施行政处罚时，应当责令当事人改正或者限期改正违法行为。该行为是作出最终行政决定过程中针对程序性事项所作的决定和处理，其法律效果是依附并被当场行政处罚决定吸收。本案中被申请复议的行政行为只能是最终的行政处罚行为，而责令改正通知书并不是对违法行为的最终处理，对申请人的权利义务不产生实际影响，不属于可行政复议的行政行为。

审理结果

根据《中华人民共和国价格法》第12条之规定，经营者进行价格活动，应当遵守法律、法规，执行依法制定的政府指导价、政府定价和法定的价格干预措施、紧急措施。《价格违法行为行政处罚规定》第 2 条规定，县级以上各级人民政府价格主管部门依法对价格活动进行监督检查，并决定对价格违法行为的行政处罚。《价格违法行为行政处罚规定》第 14 条规定，拒绝提供价格监督检查所需资料或者提供虚假资料的，责令改正，给予警告；逾期不改正的，可以处 10 万元以下的罚款，对直接负责的主管人员和其他直接责任人员给予纪律处分。

本案中，在被申请人依法进行价格监督执法过程中，申请人先后以财务人员不在现场、财务人员频繁变动、票据未保留等为理由拒绝提供相关票据。其理由既不符合《会计档案管理办法》中对企业财务票据管理的规定，也不能成为拒绝执行被申请人《限期提供材料通知书》的正当理由。直至当场行政处罚决定作出之日，申请人仅提供了其催促收取某足疗 2021 年 1 月至 2021 年 9 月的催费单、2020 年 12 月至 2021 年 10 月某电力公司电费清单，仍拒不提供电费缴费票据和收取商户电费的票据，违法事实清楚。被申请人履行了立案、调查取证、案件审查、责令改正、处罚决定告知、送达等程序，其执法程序符合《中华人民共和国行政处罚法》和《价格违法行为行政处罚规定》规定。被申请人作出的当场行政处罚决定认定事实清楚、适用法律法规正确、程序合法。

本案中，申请人以本案涉及的多个执法文书属于对同一事件的"三次不同处理"为由，认为本案程序违法。然而，被申请人先后作出的《责令改正通知书》《当场行政处罚决定书》《限期提供材料通知书》，并不是三次不同处理，而是基于同一连续违法事实的不同阶段基于不同理由作出的行政行为。2022 年 2 月 25 日，被申请人作出《责令改正通知书》并无不当，该行为是作出最终行政决定过程中针对程序性事项所作的决定和处理，其法律效果是依附并被当场行政处罚决定吸收。同时，根据《中华人民共和国行政处罚法》第 28 条第 1 款的规定，行政机关实施行政处罚时，应当责令当事人改正或者限期改正违法行为。至 2022 年 3 月 1 日责令改正期限届满，当事人未按要求改正，违法行为仍处于连续状态，被申请人依法再次作出限期提供材料通知书，仍属于执法机关针对具体违法行为应当作出的过程性处理，并无不当。

综合上述，复议机关决定维持被申请人作出的当场行政处罚决定。

典型意义

"转供电"价格违法行为，是指转供电主体（包括商业综合体、产业园区、物业、写字楼等）没有执行国家相关电价政策多收乱收电费的行为，在"转供电"行业中具有一定的普遍性。根据陕西省物价局发布的《关于清理规范电网和转供电环节收费有关事项的通知》要求，"转供电主体要自 2018 年 8 月 1 日起，将今年以来国家和我省出台的降低一般工商业电价政策全部等额传导给终端用户，不得截留政策降价红利"。从 2018 年 7 月起，陕西省价格主管部门先后几次降低一般工商业电价，减轻企业负担，优化营商环境。同时，要求全面清理规范转供电环节不合理加价行为。

实践中，对于一些特殊情况下发生的行政行为往往存在把握难度较高、认识分歧较大的问题，这就要求行政复议机关在办理此类案件时，在查清案件事实的基础上，准确适用法律，既不能随意扩大行政复议案件的受理范围，也不能人为提高行政复议门槛，损害申请人的行政救济权。本案中，行政复议机关在查清案件事实的基础上，认为被申请人作出的责令停止（改正）违法行为通知书，只是被申请人在执法过程中作出的一种过程性行为，其并不是对违法行为的最终处理，对申请人的权利义务不产生实际影响，而后续作出的行政处罚行为从实体层面来看合法合理，从该程序层面来看并无不当。因此作出维持被申请人作出的当场行政处罚决定，行政复议机关的行为也坚守了法治原则和合理性要求。

此外，该案从法律、政策等角度对申请人依法应当承担的责任进行了释法说理，也是一次具有现实意义的普法过程。同时明确行政机关应当依法行政，不仅要重实体，也要重程序，还要重说明，进一步贯彻落实行政执法三项制度要求，成功解开行政相对人的心结，让他们从心底里愿意支持配合行政机关工作，真正将有关减费政策落到实处，让企业和群众享受到降价红利，切实增加人民群众的获得感与幸福感。

案例六　某物业公司不服某县市场监督管理局行政处罚案

申 请 人　某物业公司

被申请人　某县市场监督管理局

关键词

价格违法　行政处罚　从轻或减轻　法治化营商环境

审理要旨

1. 行政机关作出行政处罚必须认定事实清楚、证据确凿充分、适用法律正确、程序合法、内容正当，才能保证行政管理目标的有效实现，保障相对人合法权益。

2. 申请人主动减轻违法行为及危害后果，违法行为轻微并及时纠正没有造成危害后果的，根据《中华人民共和国行政处罚法》第32、33条相关规定，申请人符合法定从轻或减轻情形的，被申请人可以不予、从轻或减轻行政处罚。

基本案情

申请人某物业公司内部协商违规收取水、电卡工本费各50元/张的行为引起广大小区业主（住户）不满，于2019年向人民网投诉，县政府调查回复要求申请人参照其他物业小区标准向业主收取水、电卡工本费10元，已超收的立即向业主退还。申请人并未按照县政府文件指示向小区业主退还水、电卡工本费，且继续按照50元/张收取水、电卡工本费，造成小区业主（住户）不断上访，社会影响较大。

被申请人某县市场监督管理局于2020年4月28日通知申请人通过张贴公告等形式尽快向小区业主退还超收的水、电卡工本费。截至2020年5月10日，申请人仍未按要求完成向小区业主退还超收的水、电卡工本费。后小区业主卢某等10人于2020年5月14日又分别向国家信访局投诉小区物业管理混乱等问题，社会影响重大，县政府高度重视，成立专班处理该小区物业矛盾纠纷及查处申请人存在的违法违规行为。2020年5月22日被申请人立案调查，并于2022年5月26日向申请人下发了《责令退款通知书》，申请人在责令退费期限届满时仍有13 040.00元违法所得未退还小区业主。2020年6月19日，被申请人向申请人送达了《某县市场监督管理局行政处罚告知书》，2020年6月23日申请人向被申请人提交了陈述、申辩，2020年6月25日被申请人经会议研究决定对申请人的陈述、申辩理由因不符合法律规定不予采纳，并向申请人进行了口头答复，于2020年6月29日向申请人送达了行政处罚决定书。

焦点问题分析

市场主体需规范经营行为，遵守《中华人民共和国价格法》及政府指导价相关规定，保障相对人知情权和公平交易权，建立良好有序的法治化营商环境。本案申请人不执行政府指导价，违规收取水、电卡工本费且不执行政府指示不按规定及时退还多收价款，造成小区业主持续上访，社会影响重大。本案焦点问题包括：一是被申请人所作处罚决定是否合法合理；二是申请人行为能否从轻或减轻处罚。

（一）被申请人所作处罚决定是否合法合理的问题

申请人根据内部协商以高于政府指导价（10元/张）的标准违规向业主收取的水、电卡工本费（50元/张）的行为引起群众持续上访，引发重大社会影响，其行为违反《中华人民共和国价格法》第12条、《规范价格行政处罚权的若干规定》第8条之规定，可以认定为违法行为，被申请人所作处罚决定事实清楚、证据充分、法律依据正确、程序正当。

（二）申请人行为能否从轻或减轻处罚的问题

申请人在某县政府调查回复要求其参照其他物业小区标准向业主收取水、电卡工本费（10元/张），已超收的立即向业主退还。申请人并未按照县政府文件指示向小区业主退还水、电卡工本费，且继续收取水、电卡工本费（50元/张），造成小业主（住户）不断上访，社会影响重大；后经被申请人要求申请人张贴公告形式向小区业主退还超收的水电卡工本费，截至2020年5月

10 日，申请人仍未按要求完成向小区业主退还超收的水电卡工本费；后被申请人对申请人作出《责令退款通知书》后申请人在责令退费期限届满时仍有 13 040.00 元违法所得未退还小区业主。因此，申请人的行为不满足《中华人民共和国行政处罚法》中法定从轻、减轻或不予处罚的情形。

审理结果

根据《中华人民共和国行政复议法》第 28 条第 1 款第 1 项之规定，复议机关决定维持被申请人作出的行政处罚决定。

典型意义

近年来，小区物业乱收费的现象比较突出，物业服务企业与业主之间矛盾较多，对于政府指导价，部分物业公司选择不执行或延期执行，仍旧不按照规定收费，导致业主权益受损，引发层层上访，社会影响较大。物业服务收费属于民生领域的重要问题，涉及千家万户合法权益，市场监管部门对侵犯业主权益的价格违法行为，依法依规查处，能有效维护业主的合法权益，化解物业和业主之间的矛盾。

但是，市场监管部门在具体执法过程中还应及时关注新修订《中华人民共和国行政处罚法》关于具体违法行为处罚适用的问题。如果申请人主动减轻违法行为及危害后果，违法行为轻微并及时纠正没有造成危害后果的，根据《中华人民共和国行政处罚法》第 32、33 条相关规定，申请人符合法定从轻或减轻情形的，被申请人可以不予、从轻或减轻行政处罚。

案例七 某有限公司不服某市应急管理局行政处罚案

申 请 人 某有限公司
被申请人 某市应急管理局

关键词

安全生产 合法合理 从轻减轻 规范执法

审理要旨

1. 行政机关在作出行政处罚时应严格遵循依法行政、合理行政、程序正当的要求，对于符合法定从轻、减轻或不予处罚的情形，应当根据情况具体适用，以实现行政处罚法律效果和社会效果的有机统一。

2. 行政复议机关在办理行政复议案件过程中，不仅要审查原机关行政行为的合法性，还应审查其行为的合理性。复议机关若查明原机关作出行政行为不合法，应严格按照相关法律法规规定的方式进行监督纠正；但是，对原机关既合法又合理的行政行为，也应当秉承公平、公正审理的原则，依法予以维持，确保行政处罚执法行为的公正与规范。

基本案情

2019 年 9 月 26 日，被申请人对申请人开展执法检查过程中发现 7 项问题，遂依法下达《责令限期整改指令书》，要求申请人在 2019 年 11 月 10 日前对检查中发现的问题进行整改。但是，被申请人于 11 月 14 日对整改进行复查时，发现申请人仍未能提供安全生产责任体系相关资料，遂向申请人下达《行政处罚告知书》。11 月 20 日，申请人向被申请人递交《请求减免行政处罚申请》，同时完善了安全生产责任体系管理资料。随后，被申请人作出案涉《行政处罚决定书》，对申请人处以人民币 30 000 元罚款处罚。

申请人认为，被申请人所作行政处罚决定依据《中华人民共和国安全生产法》第 18 条 1 项、第 91 条第 1 款作出，适用法律错误，处罚有失公允。

同时申请人积极配合某县应急管理局的督导与检查工作，并按要求完成了整改。因此，复议机关应依法撤销被申请人作出的案涉《行政处罚决定书》。

被申请人认为，2019 年 9 月 26 日，被申请人在对申请人开展执法检查过程中发现存在问题，遂要求其限期整改。11 月 14 日，被申请人对申请人进行整改复查，发现仍有部分资料未整改到位，遂作出《行政处罚告知书》，拟对其予以 50 000 元罚款。11 月 20 日，申请人递交《请求减免行政处罚申请》，同时将相关资料补充完善。经被申请人会议研究决定，给予申请人 30 000 元罚款的行政处罚。因此，被申请人所作决定符合相关法律法规规定，复议机关应依法维持案涉行政处罚决定。

焦点问题分析

本案争议焦点主要是某市应急管理局所作处罚决定是否合法合理。

（一）行政处罚决定的合法性问题

安全生产工作关系人民群众生命健康、财产安全和社会发展的重大利益，安全生产责任必须严格落实。根据被申请人 2019 年 9 月 26 日作出的《责令限期整改指令书》，申请人的安全生产管理体系出现缺漏，客观存在安全生产问题，违反了《中华人民共和国安全生产法》的相关规定，违法事实认定清楚；根据该整改指令书得知，被申请人在执法检查过程中发现申请人存在安全生产违法事实后，按照法定程序向申请人作出责令限期整改决定，并非直接对申请人作出行政处罚决定，符合《中华人民共和国安全生产法》第 91 条第 1 款规定的程序。根据被申请人 2019 年 11 月 14 日作出的《整改复查意见书》与现场询问笔录得知，申请人并未在整改期限内将已有安全生产问题整改到位。综上，被申请人向申请人作出的案涉行政处罚决定符合事实认定清楚，适用法律正确。

（二）行政处罚决定的合理性问题

在查明违法事实后，被申请人于 2019 年 11 月 14 日依法向申请人作出《行政处罚告知书》，拟对申请人处以 5 万元罚款。11 月 20 日，申请人向被申请人递交《请求减免行政处罚申请书》，并完善了安全生产责任体系相关资料。因此，申请人虽未在整改期限内将案涉安全生产问题整改到位，但是申请人在递交《请求减免行政处罚申请书》的同时，完善了安全生产责任体系相关资料，被申请人经集体讨论后酌情降低了行政处罚的罚款金额，依法向申请人作出 3 万元的罚款的行政处罚决定。被申请人依据《中华人民共和国安全生产法》相关规定对申请人作出行政处罚既合法又合理。总体来说，被申请人行政处罚决定认定事实清楚、适用法律依据正确、处罚决定程序正当，且根据申请人整改配合情况作出相对较轻行政处罚，体现执法的力度和温度，彰显行政执法的文明和公正。

复议机关认为，安全生产管理是对企业的最根本要求，关系到人民群众的生命健康和财产安全，生产经营单位的主要负责人对本单位的安全生产工作全面负责。申请人在被申请人执法检查过程中存在 7 项生产安全问题，违反了《中华人民共和国安全生产法》第 18 条规定，违法事实成立。被申请人在下达《行政处罚告知书》后，依据申请人整改结果降低罚款标准作出《行政处罚决定书》事实清楚，合法合理。

审理结果

根据《中华人民共和国行政复议法》第 28 条第 1 款第 1 项的规定，复议机关决定维持被申请人作出的行政处罚决定。

典型意义

习近平总书记强调，安全生产工作重于泰山。为加强安全生产工作，防止和减少安全生产事故，保障人民群众生命和财产安全，促进经济社会持续健康发展，行政机关应当依法对违反《中华人民共和国安全生产法》的行政相对人进行行政处罚，以切实规范安全生产领域的行政管理秩序，从源头上防范和化解重大安全风险。因此，行政复议机关在审理此类案件过程中，应严格依据相关法律法规对行政处罚的合法性和合理性进行全面审查。一方面，坚持依法行政原则，守住行政形式法治底线，对确实违反《中华人民共和国安全生产法》的行为予以严厉处罚；另一方面还要积极行使合理性原则，贯彻行政实质法治理念，有效行使行政裁量权，准确把握行政裁量基准，针对积极采取措施未造成严重后果的行为可酌情处罚，切实规范案涉领域的行政管理秩序，最大限度维护法定行政管理秩序所承载的国家与社会公共利益，扎实推进行政执法三项制度的落实和法治政府建设。

案例八　涂某、南某不服某区公安分局治安行政处罚案

申请人　涂某、南某

被申请人　某区公安分局

关键词

治安处罚　结伙殴打　复议管辖权

审理要旨

1. 根据《行政复议体制改革方案》要求，除实行垂直领导的行政机关、税务和国家安全机关外，市、区（县）两级人民政府均只保留一个行政复议机关，由本级人民政府统一行使行政复议职责。市、区（县）人民政府统一管辖以本级人民政府派出机关、本级人民政府工作部门及其派出机构、下一级人民政府以及本级人民政府和工作部门管理的法律法规授权组织为被申请人的行政复议案件。

2. 认定治安管理案件中的"结伙殴打"行为，应从主客观两方面分析。"结伙殴打"指两人或两人以上事前或事中通谋形成共同殴打他人的意思联络，进而实施共同殴打他人的行为。在主观上，要求结伙行为人有事先、共同的预谋和故意，表现为事前纠集、商量明示，也可以是在刚着手实行或者正在实行违法行为的过程中，临时起意加入，明示或用肢体动作形成默示、甚至只需要形成某种程度的心领神会；在客观上，要求结伙行为人共同实施殴打行为。表现为违法行为人同时或持续形成协作，对同一对象实施殴打行为。

基本案情

申请人涂某与南某系夫妻关系。2020年11月10日，涂某驾驶车辆在刚铺好的沥青路面上驶过，与施工人员江某发生争执并对骂，进而撕扯在一起，南某因怀抱孩子无法拉开二人，就用脚在江某的腿上踢了一脚。某区公安派

出所受案后，于 2021 年 1 月 13 日对涂某处以 500 元罚款。江某不服，向某区公安分局提出行政复议申请。某区公安分局撤销了该处罚决定，并责令对本案重新作出处理。某区公安派出所于 2021 年 6 月 11 日重新作出行政处罚决定，对涂某处 500 元罚款，对南某处 200 元罚款。江某仍不服，向某市公安局提起行政复议申请，后又撤回复议申请。某区公安分局根据公安机关内部执法监督机制，撤销了这两个行政处罚决定，并责令某区派出所对该案重新作出处理。2021 年 11 月 26 日，被申请人根据《中华人民共和国治安管理处罚法》第 43 条第 2 款第 1 项规定，对涂某作出治安拘留 5 日并罚款 500 元的行政处罚；对南某作出治安拘留 1 日并罚款 200 元的行政处罚。涂某、南某对各自的行政处罚决定不服，分别向某市人民政府提出行政复议申请。

焦点问题分析

本案的焦点问题在于被申请人涂某、南某是否构成"结伙殴打"。《中华人民共和国治安管理处罚法》第 43 条第 2 款第 1 项规定："有下列情形之一的，处十日以上十五日以下拘留，并处五百元以上一千元以下罚款：（一）结伙殴打、伤害他人的"。"结伙殴打"通常表现为纠集多人，即两人以上（含两人）对他人进行殴打。但是判断是否构成"结伙殴打"，不仅需要考虑在客观上是否由两人以上行为人实施了殴打他人的行为，还需要考虑行为人是否有共同殴打他人的主观意思联络。

认定构成"结伙殴打"应当考量三个要素：一是事中通谋主观要素。对事前通谋殴打他人，容易判断共同殴打他人的故意；对事中通谋形成的共同殴打他人故意，实践中往往难以作出准确判断。需要从殴打行为之间是否存在协作性、连续性等，按照一般人的认知标准和行为标准，来判断各个违法行为人在殴打过程中是否形成明示或默示的意思联络、是否心领神会，否则，应当认定为一般的殴打他人。二是殴打行为连续性、协作性客观要素。对违法行为人同时殴打同一对象，容易判断为"结伙殴打"；对各违法行为人对同一对象实施的殴打行为有短暂时间间隔，但对被侵害人的殴打、伤害，是一个持续的有机整体，也应认定为"结伙殴打"。三是殴打行为的交叉、关联性要素。"结伙殴打"，是一方两人（含两人）以上针对同一个对象进行殴打，或是双方均为两人（含两人）以上互殴时，各殴打行为有交叉、关联，存在数个"结伙殴打"情形；否则，违法行为人之间即使主观上有"结伙殴打"的故意，但其客观上未能针对同一个对象进行殴打，殴打行为没有交叉、关联，不符合主客观一致的认定原则，故不构成"结伙殴打"，违法行为人只能各自对自己的殴打行为负法律责任。

本案中，南某与涂某事先并无结伙殴打江某的主观故意，事中也无结伙殴打江某的意思联络，客观上也不存在纠集、通谋的过程，二人的行为并无明显的协作性及连续性，故南某、涂某的行为不属于《中华人民共和国治安管理处罚法》第43条第2款第1项规定的"结伙殴打"他人情形。

审理结果

行政复议机关经审查认为，某区公安分局作出的行政处罚决定认定事实不清，适用法律错误，决定：①撤销被申请人对涂某、南某的行政处罚；②责令被申请人在30日内重新作出处理。

典型意义

本案历经三次行政处罚和两次行政复议，反映出治安处罚中对于"结伙殴打"行为认定存在重大分歧，影响案件的公正有效处理。《中华人民共和国治安管理处罚法》第43条第2款，将"结伙殴打、伤害他人"规定为加重处罚的情形，"处十日以上十五日以下拘留，并处五百元以上一千元以下罚款。"而按照该条第1款的规定，一般情形下，殴打他人仅"处五日以上十日以下拘留，并处二百元以上五百元以下罚款；情节较轻的，处五日以下拘留或者五百元以下罚款。"

可见，"结伙殴打他人"的认定与判断，不仅决定案件事实是否清楚、处罚是否适当的问题，还涉及法条适用正确与否的问题，治安处罚实践中必须对此问题作出客观、合法、合理的判断，不能仅从人数上认定"结伙殴打"，也不能只关注殴打行为人的行为外观，这容易导致认定范围扩大、处罚过重，违反过罚相当原则。《中华人民共和国行政处罚法》规定，对违反行政管理秩序的公民、法人或者其他组织，处以行政处罚的种类、幅度等应当与其违法行为相适应。就是要求在设定和实施行政处罚时，必须以事实为依据，与违法行为的事实、性质、情节以及社会危害程度相当，不能畸轻畸重。本案对公安机关作出的治安管理处罚决定合法性进行考量时，基于现有证据，从行为细节分析行为人的主观目的和客观表现，综合判定殴打行为是否构成结伙，考虑全面，公正合理，对同类案件具有指导性意义。

案例九　李某不服某交警大队行政处罚案

申 请 人　李某

被申请人　某交警大队

关键词

违法停车　交通信号　法条竞合

审理要旨

1. "禁止临时停车"交通信号含义应结合相关规定综合界定。"黄色路缘石"属于《中华人民共和国道路交通安全法》第 25 条规定的"交通标线"交通信号，根据中国国家标准化管理委员会发布的《道路交通标志和标线 第 3 部分：道路交通标线》（GB5768.3 - 2009），"黄色路缘石"含义为"禁止标线"，是"禁止路边停、放车辆"，在此路段停车属于违法停车行为。

2. 违法行为人在不同路段实施停车行为，可能会违反《中华人民共和国道路交通安全法》规定的两种不同的违法情形。对违法停车行为的处罚是否适用《中华人民共和国道路交通安全法》第 93 条规定，应结合具体情况，从违法行为侵害的客体着手，重点审查该路段是否有禁止临时停车的交通信号，如果有，应按照法条竞合处理原则，选择适用其行为危害较大的禁止性规定进行处罚。

基本案情

2020 年 9 月 7 日下午，李某外出办事，驾车路过某市主城区干道时靠路边将车停放后离开，短时间停车后即驾车离去。当日，李某接到该区交警大队短信提示，自己驾驶机动车在某路段实施交通违法行为被移动电子设备抓拍，并告知将要对其作出罚款 200 元的行政处罚。李某前往交警大队询问得知，自己是实施违反禁止标志指示，在黄色路缘石路段停车被电子监控设备抓拍取证。得知情况后，李某当即进行申辩，称根据《中华人民共和国道路交通安全法》第93条"对违反道路交通安全法律、法规关于机动车停放、临时停车规定的，可以指出违法行为，并予以口头警告，令其立即驶离。机动车驾驶人不在现场或者虽在现场但拒绝立即驶离，妨碍其他车辆、行人通行的，处二十元以上二百元以下罚款"的规定，自己驾驶机动车只是在该路段临时停放，而且是快停快走，既没有影响道路通行，更没有收到交通警察现场警告，认为交警执法错误要求纠正。交警大队经过核实后认为，李某违法事实清楚，执法程序合法，遂对李某作出200元罚款的行政处罚决定。李某收到行政处罚决定后不服，向复议机关提起行政复议申请。

焦点问题分析

该案焦点问题在于：一是"黄色路缘石"的含义是什么？二是《中华人民共和国道路交通安全法》第93条关于违法停车出现的法条竞合问题。

（一）关于"黄色路缘石"是什么含义

"黄色路缘石路段"是否属于具有禁止性停车的含义？这里的"黄色路缘石"属于"交通标线"类交通信号。首先，《中华人民共和国道路交通安全法》第25条明确规定的交通信号包括"交通信号灯、交通标志、交通标线和交通警察的指挥"。根据中国国家标准化管理委员会发布的《道路交通标志和标线 第3部分：道路交通标线》（GB5768.3-2009），"黄色路缘石"含义为"禁止标线"，是"禁止路边停、放车辆"。其次，根据《中华人民共和国道路交通安全法》第38条"车辆、行人应当按照交通信号通行"，以及第90条"机动车驾驶人违反道路交通安全法律、法规关于道路通行规定的，处警告或者二十元以上二百元以下罚款"的规定，对于违反禁止标线驾驶机动车的，应同闯红灯、逆行等违反禁令交通违法行为承担同等责任。

（二）《中华人民共和国道路交通安全法》中第93条关于违法停车出现的法条竞合问题

《中华人民共和国道路交通安全法》中第93条关于违法停车的规定是否适用本案也值得研究。根据该条，"对违反道路交通安全法律、法规关于机动车停放、临时停车规定的，可以指出违法行为，并予以口头警告，令其立即驶离。机动车驾驶人不在现场或者虽在现场但拒绝立即驶离，妨碍其他车辆、行人通行的，处二十元以上二百元以下罚款……"机动车违法停放和临时停车都包含其中，似乎可以适用于涉及两种形态停车的违法行为，但还应坚持具体问题具体分析和维护社会公共利益秩序等。一般普通路段在不影响其他车辆通行的情况下可以临时停车，但如果在这些路段实施了临时停车或者停放而影响其他车辆通行的行为，可以适用第 93 条规定。而在特别保护的路段，往往交通繁忙、情况复杂，如果出现机动车临时停车甚至长时间停放，将会大大降低道路通行效率，引发交通拥堵，在该路段实施上述行为，行为侵犯的客体不再是其他驾驶人的路权，而是法律禁止性规定，其危害显然更大。该案中交通违法行为人李某实施临时停车，该行为触犯《中华人民共和国道路交通安全法》中规定的两个不同法条，按照法条竞合处断原则，应该选择适用其行为危害较大的禁止性规定进行处罚。

审理结果

复议机关审理后认为，李某在划有禁止停放和临时停车标线的路段驾驶机动车实施停车，其行为违反了《中华人民共和国道路交通安全法》第38条"车辆、行人应当按照交通信号通行"的规定，被申请人依据《中华人民共和国道路交通安全法》第90条之规定，对申请人李某作出的二百元罚款的行政处罚决定认定事实清楚、程序合法、适用法律准确、结果适当，根据《中华人民共和国行政复议法》第28条第1款第1项的规定，作出维持决定。

典型意义

由于各种行政管理法律、法规的错综复杂的规定，相对人的一次行为同时违反行政法律规范的不同条文，或者同时违反其他行政法律规范，构成若干可处罚的违法行为。法条竞合除了在刑法理论中适用外，在行政处罚案件中也会遇到相同情形，是行政执法中不可回避的重要问题。这类看似简单且罚款数额不大的行政复议案件审理，一旦出现法条竞合，对于法律适用的分歧容易引发争议。复议机关对于这类案件的审理，利用复议文书充分说理，对化解行政争议会起到较好作用。不仅坚持依法行政，严守合法性原则要求，对处罚依据进行充分释明，更是重点从违法行为侵害的客体着手，结合竞合理论原则进行处断，也充分考虑具体路况和秩序利益综合作出判断，对于正确评价行政执法行为的合法、合理、合序，引导违法行为人规范自身行为起到积极意义。

案例十　某投资开发有限公司不服某市城市管理执法局行政处罚案

申　请　人　某投资开发有限公司
被申请人　某市城市管理执法局

关键词

合法性　合理性　主观过错　不予处罚

审理要旨

1. 行政机关作出行政处罚决定应符合《中华人民共和国行政处罚法》的立法目的和立法精神，不能仅依据客观过错进行处罚，应充分考虑当事人主观过错作为行政处罚的要件。不仅要正确理解行政处罚"责任主义"适用情形，即"当事人有证据足以证明没有主观过错的，不予行政处罚。"还应综合考量"设定和实施行政处罚必须与违法行为的事实、性质、情节以及社会危害程度相当"这一公平原则的有效适用。

2. 行政复议机关在审理复议案件过程中，不仅要审查行政行为的合法性，还应当审查行政行为的合理性。通过全面审查涉案事实相关的实际情况，并将合法性与合理性原则有机结合，向行政相对人作出形式合法、内容适当的行政行为。

基本案情

2021年4月10日，申请人所建涉案项目开始施工建设。7月19日，某市住房和城乡建设局将申请人所建涉案项目未取得建筑施工许可证、未办理工程质量安全监督手续擅自进行建设的违法线索函至被申请人。8月11日，被申请人依法对申请人所建涉案项目立案调查。经过调查后，被申请人发现申请人存在未取得建筑工程施工许可证、未办理工程质量安全监督手续擅自进行施工建设的违法事实。于是，在依法保障申请人各项合法权益的基础上，被申请人于 12 月 22 日向申请人作出《行政处罚决定书》，对申请人处 20 万元罚款。

申请人认为，涉案项目作为省重点督办的安置社区，是在需要尽早完成征迁安置的情形下开工建设。开工建设前，申请人已启动该项目建设相关证件的办理工作，且某市自然资源局也在开工建设前受理了该项目建设规划许可证的申报办理。但是，因政府职能划转等因素导致涉案项目施工许可证及质量安全监督手续的办理被推迟。并且，申请人在被申请人作出《行政处罚决定书》前已经取得涉案项目施工许可证并办理了质量安全监督手续，违法情形已经消除，故申请人无主观过错。因此，申请人认为该《行政处罚决定书》应予撤销。

被申请人认为，申请人所建涉案项目违法事实清楚、证据充分，被申请人按照法定程序，依据相关法律向申请人作出《行政处罚决定书》，合法适当。

复议机关认为，由于政府职能划转以及疫情等因素影响，相关部门办理申请人所建涉案项目施工许可及质量安全监督等手续延迟事实确实客观存在，建设规划主管部门在被申请人作出行政处罚决定前，已经为申请人办理了施工许可及质量安全监督手续，应认定为申请人获取了合法手续。需要指出的是，结合本案实际情况，建设规划主管部门先行向被申请人移交违法线索，随即对实施违法行为的主体进行行政许可，被申请人再对违法主体进行行政处罚的行为，违背了行政合理性原则，明显存在不当，不利于规范涉案领域的行政管理秩序和维护公共利益需求。

焦点问题分析

本案焦点问题包括：其一，申请人在处罚决定作出前获得的行政许可是否合法有效；其二，因疫情原因导致申请人行政许可延迟获得是否能够作为"不予处罚"的认定情形；其三，被申请人所作处罚决定是否合法合理。

（一）申请人在处罚决定作出前获得的行政许可是否合法有效

根据《中华人民共和国行政许可法》相关规定，申请人符合法定条件、标准的，可以依法获得行政许可。开工建设前，申请人已启动该项目建设相关证件的办理工作，且某市自然资源局也在开工建设前受理了该项目建设规划许可证的申报办理。虽因政府职能划转等因素导致涉案项目施工许可证及质量安全监督手续的办理被推迟，但申请人在被申请人作出《行政处罚决定书》前已经取得涉案项目施工许可证并办理了质量安全监督手续，可以认定申请人取得行政许可是合法有效的。

（二）因疫情原因导致申请人行政许可延迟获得是否能够作为"不予处罚"的认定情形

《中华人民共和国行政处罚法》第33第2款规定："当事人有证据足以证明没有主观过错的，不予行政处罚……"根据公正、理性的制裁制度应以被制裁行为具有可谴责性为基础，受制裁的行为须有主观上的可责性，制裁手段不考虑行为人的主观过错，在道德上不具有支撑性，不符合现代文明的发展趋势。

由于政府职能划转以及疫情等因素影响，相关部门办理申请人所建涉案项目施工许可及质量安全监督等手续延迟事实确实客观存在，建设规划主管部门在被申请人作出行政处罚决定前，已经为申请人办理了施工许可及质量安全监督手续，应认定为申请人获取了合法手续。建设规划主管部门在移交申请人的违法线索后，被申请人作出行政处罚决定前，已对违法申请人进行行政许可，此则肯定申请人涉案行为的合法性，被申请人实施该行政处罚明显不当。同时，如果涉案行政处罚决定是合法、适当的，则否定了申请人已经取得许可手续的合法性与必要性，进而导致其他违法行为人怠于纠正与本案的相同违法行为，不利于维护涉案领域的行政管理秩序和公共利益。

（三）被申请人所作处罚决定是否合法合理

被申请人根据客观违法事实，依照法律和程序规定作出行政处罚决定，形式上符合合法性要求，但实质上有违合理性要求，对《中华人民共和国行政处罚法》的立法精神未透彻理解，没有综合考量合法性与合理性原则在行政处罚中的适用。此外，涉案项目主要用于安置某市桥梁和北环线建设区域的征迁群众，其在省重点督办且需早日完成征迁安置的情形下开工建设。被申请人对申请人所建涉案项目进行行政处罚，不利于维护征迁群体的公共利益以及社会秩序的稳定。

审理结果

复议机关根据《中华人民共和国行政复议法》第 28 条第 1 款第 3 项规定，决定撤销被申请人作出的《行政处罚决定书》。

典型意义

《中华人民共和国行政处罚法》第 33 条第 1、2 款规定：违法行为轻微并及时改正，没有造成危害后果的，不予行政处罚。初次违法且危害后果轻微并及时改正的，可以不予行政处罚。当事人有证据足以证明没有主观过错的，不予行政处罚。法律、行政法规另有规定的，从其规定。1996 年《中华人民共和国行政处罚法》中是客观归责主义，在实践中，如果没有特殊立法的规定，只要相对人在客观上具有违法行为，就应当承担相应的责任，不考虑当事人在主观方面是否具有故意或者过失。但是，随着全面依法治国和建设法治社会和法治政府的不断推进，民众的权利概念和法律素养得到了进一步提高，客观归责主义理念受到了挑战。正如黑格尔所言，"行动只有作为意志的过错才能归责于我"，在我国依法治国的大背景之下，"控权保民"成为行使行政权的共识，行政处罚的归责理念从客观走向主观，能够更好地规范、控制行政权的运用，促使行政机关依法行使职权，防止行政权被滥用，最大程度地实现法律效果和社会效果的统一。

本案中，复议机关通过全面审查本案相关实际情况，坚持秉持全面审查行政行为合法性与合理性的审理原则，正确运用《中华人民共和国行政处罚法》中不予处罚和责任主义条款，以实质化解涉案具体争议，有利于切实规范涉案领域行政管理秩序，从而增强公众对行政机关的认同和信赖，促使行政行为在具体的行政管理中充分发挥积极作用。

案例十一　某加油站不服某市市场监督管理局行政处罚案

申 请 人　某加油站
被申请人　某市市场监督管理局

关键词

行政处罚　没收违法所得　添附　择一重处

审理要旨

1. 公民、法人或者其他组织违反行政管理秩序的行为，依法应当给予行政处罚的，行政机关必须查明事实，违法事实不清的不得给予行政处罚。

2. 根据《中华人民共和国行政处罚法》第28条第2款的规定，违法所得是指实施违法行为所取得的款项，法律、行政法规、部门规章对违法所得的计算另有规定的，从其规定。违法所得是指实施违法行为所取得的款项，当违法行为人并非全案违法时，行政机关应当确定违法所得和添附的比例，在认定和没收时适用比例原则，不得一概将经营数额认定为违法所得。

3. 《中华人民共和国行政处罚法》对实施行政处罚应当遵循的基本原则和法定程序作出了规定，明确了违法所得认定和"择一重处"的适用条件，行政机关应当以事实为依据，以法律为准绳，在维护公共利益和社会秩序的同时，也要保护公民、法人或者其他组织的合法权益。

基本案情

2022年6月10日，某市市场监督管理局（以下简称"某市市监局"）对某加油站进行检查时，发现其经营的4台加油机存在加油计量与实际加油计量不符现象，4台加油机的8支加油枪（1支故障）主板只有出厂铅封，主板和编码器均无检定铅封；经检测机构工作人员现场检测，加油机未启用防作弊功能，4台加油机检定截止日期为6月9日。执法人员现场依法对某加油站涉案物品抽样取证、就地封存，责令其停止使用违法计量器具。在执法检查现场，检测机构对涉案加油枪进行了计量检定，7 支加油枪均误差超差（MPE：±0.3%），误差分别为 2.88%、3.00%、3.19%、3.44%、5.26%、9.15%、9.26%。2022 年 6 月 28 日，某市市监局依据某省司法鉴定所作出的鉴定意见，认定某加油站安装的作弊软件在 2021 年 11 月 3 日至 2022 年 4 月 22 日每日操作次数平均在 2～5 次左右；2021 年 9 月 13 日至 2021 年 10 月 28 日和 2022 年 4 月 23 日至 2022 年 6 月 10 日两个时间段使用频繁。该鉴定所通过数据分析，统计出以上两个频繁使用作弊软件时间段内的加油总价分别为 383.6 万元和 451.06 万元。2022 年 9 月 30 日，某市市监局与公安机关通过本案进行"行刑衔接"研判，最终认定某加油站在作弊软件启用的两个时间段内成品油销售金额为 8 306 738.06 元，经征询检察机关意见，认为本案原则上不构成刑事犯罪，应当依据《中华人民共和国计量法》和《中华人民共和国计量法实施细则》给予行政处罚。2022 年 11 月 28 日，某市市监局召开行政机关负责人集体讨论会议，同意对某加油站破坏计量器具准确度和使用超过检定周期计量器具的两个违法行为按照《中华人民共和国行政处罚法》第 29 条的规定，按照罚款数额较高的《中华人民共和国计量法实施细则》作出处罚。依据《关于加油站计量作弊案违法所得认定和计算问题的答复意见的函》（质检法函〔2010〕34 号）的规定，认定某加油站违法所得为 8 306 738.06 元，综合全案对某加油站处罚如下：①责令赔偿损失；②没收加油机主板 8 块；③没收违法所得 8 306 738.06 元；④并处罚款 1 200 元；罚没合计：8 307 938.06 元。

某加油站不服该处罚决定，以某市市监局作出的《行政处罚决定书》适用法律错误、程序违法为由申请行政复议。

焦点问题分析

该案焦点问题在于：一是某市市监局对某加油站破坏计量器具准确度和使用超过检定周期计量器具的两个违法行为适用"择一重处"是否合法问题。二是某市市监局对某加油站违法所得认定是否准确问题。

（一）关于两个违法行为适用"择一重处"是否合法问题

《中华人民共和国行政处罚法》在历经多次修订后首次将"择一重处"原则写入法律，行政机关应当据此对当事人的违法行为进行准确认定。某加油站实施的破坏计量器具准确度和使用超过检定周期计量器具的违法行为分别受《中华人民共和国计量法》和《加油站计量监督管理办法》调整，以上两种违法行为不存在竞合、牵连或者吸收情形，应当分别作出处理决定。某市市监局认为应当根据《中华人民共和国行政处罚法》第29条的规定，按照罚款数额高的《中华人民共和国计量法实施细则》作出处罚，属于法律适用错误。

（二）关于某市市监局对某加油站违法所得认定是否准确问题

《中华人民共和国行政处罚法》首次明确违法所得是指实施违法行为所取得的款项，法律、法规、规章另有规定的除外。根据《中华人民共和国计量法》的规定，使用不合格的计量器具或者破坏计量器具准确度，给国家和消费者造成损失的，责令赔偿损失，没收计量器具和违法所得，可以并处罚款。某市市监局基于司法鉴定所出具的鉴定结果，认定某加油站于2021年9月13日到2021年10月28日启用作弊软件381次，最多为2021年10月1日当天24次，最少为2021年9月15日和2021年9月26日当天各1次，涉及成品油销售金额383.6万元；于2022年4月23日至2022年6月10日启用作弊软件283次，最多为2022年6月5日当天38次，最少为2022年4月29日等5日各1次，涉及成品油销售金额451.06万元，在作弊软件启用的两个时间段内成品油销售金额合计为8 306 738.06元。按照以上数据计算，2021年9月13日到2021年10月28日之间的381次作弊行为的单次加油金额平均约为10 068元，2022年4月23日至2022年6月10日之间的283次作弊行为单次加油金额平均约为15 938元，该数据显然与日常生活经验法则相悖。显而易见，某加油站并非某市市监局所认定的在以上时间段内每次加油时均启动作弊软件的全案违法行为，某加油站仅在通过启动作弊软件时获取的经营额属于法律规定的实施违法行为所取得的款项。同时，某市市监局所主张的《关于加油站计量作弊案作违法所得认定和计算问题的答复意见的函》（质检法函〔2010〕34号）亦明确指出：违法所得是指违法获利。此种情况下，因某加油站是依法取得经营权的合法企业，市监局在认定违法所得时，应当确定违法所得和添附的比例，区分因使用不合格的计量器具或者破坏计量器具准确度给国家和消费者造成损失的非法经营额和合法经营额，在认定和没收时适用比例原则，不得将全部经营数额认定为违法所得。某市市监局未对某加油站实施违法行为所取得的款项作出准确区分和认定作出处罚决定，属于主要事实不清、证据不足。

审理结果

复议机关根据《中华人民共和国行政复议法》第28条第1款第3项之规定，撤销某市市监局作出的《行政处罚决定书》。

典型意义

1996年《中华人民共和国行政处罚法》第24条确立了"一事一罚"的行政罚款适用规则，但如何适用却是争议不断。经过多年的执法实践，行政处罚的适用规则不断发展完善，在总结实务经验基础上，《中华人民共和国行政处罚法》在2009年和2017年先后两次对个别条文进行修改，在2021年对行政处罚的适用规则进行了重大调整。2021年修改的《中华人民共和国行政处罚法》第29条规定："对当事人的同一个违法行为，不得给予两次以上罚款的行政处罚。同一个违法行为违反多个法律规范应当给予罚款处罚的，按照罚款数额高的规定处罚。"与1996年《中华人民共和国行政处罚法》第24条规定相比，新修订的《中华人民共和国行政处罚法》增加了"同一个违法行为违反多个法律规范应当给予罚款处罚的，按照罚款数额高的规定处罚"的规定。新规定对《中华人民共和国行政处罚法》的行政罚款适用规则即"一事不得两次以上罚款"进行了细化规定。

"一事"是指同一个违法行为，即同一个违法事实。2021年《中华人民共和国行政处罚法》修订之前，行政执法实务和法院判决对"同一违法行为"的认定，有采取"构成要件说"作为认定标准，即符合一个违法构成的视为一个违法行为，符合数个违法构成的则视为数个违法行为。这意味着当事人的同一违法行为，在违反不同法律规范的情况下，则可以定性为数个违法行为，由此当事人同时承担数个违法责任，即行政机关可以给予两次以上罚款。2021年《中华人民共和国行政处罚法》第29条增补了"择一重处"规则，对原"一事一罚"规定的适用规则进行了明确。"择一重处"是指"按照罚款数额高的规定处罚"。由于同一行为违反多个法律规范，如果行政机关按照不同法律规范分别进行处罚，可能造成处罚过重的结果，违背了行政法上的比例原则，因此适用"择一重处"规则。所谓"重处"，是指在违反的多个法律规范中选择法律后果中罚款法定额度最高的规定作为法律依据进行处罚。

"违法所得"的认定也是《中华人民共和国行政处罚法》实施以来的争议问题。2021年修订的《中华人民共和国行政处罚法》首次明确了违法所得的定义，即"违法所得是指实施违法行为所取得的款项"，并且允许法律、行政法规、部门规章对违法所得的计算进行例外规定。在具体认定标准方面，违法所得存在"总额说"和"差额说"两种认定规则。"总额说"是指违法所得的数额应当是"全部经营收入"或者"全部收入"，不应当扣除违法行为的成本。"差额说"是指违法所得的数额应当是"非法收益"，应当扣除当事人用于经营活动的合理支出。两者相比，依据"总额说"核定的数额必然高于"差额说"核定的数额，从而充分发挥设定该行政处罚的惩戒作用，但是有可能造成过罚不当，对当事人处罚畸重。根据新修订的《中华人民共和国行政处罚法》确立的违法所得定义，偏向于符合"总额说"的认定标准，因为"取得的款项"语义上趋向于"全部款项"，未作出成本与违法收益的区分，这就意味着违法所得原则上不扣除成本。但是《中华人民共和国行政处罚法》允许法律、行政法规、部门规章可以按照"差额说"形成其他认定标准。同时，新修订的《中华人民共和国行政处罚法》强调的是因"实施违法行为"所取得的款项，由此明确了违法行为应当与所得款项之间存在直接的、客观的因果关系。本案对违法所得的数额认定存在与常识相悖的情况，就在于没有准确识别并区分"实施违法行为所得"与"合法经营行为所得"。对于违法所得，首先应当剔除违法行为人的合法所得，这部分合法收益受法律保护。

对"择一重处"和"违法所得"认定方面，市场监管系统内部困惑较多，分歧较大，看法不一。新修订的《中华人民共和国行政处罚法》于2021年7月15日起正式施行前，行政执法实践中对违法所得认定标准不一，各行政执法部门缺乏统一的规范。市场监管系统机构重组以后，在违法所得认定规范上有1部规章和30多个答复、通知、复函等规范性文件，执法过程中多种计算方式并存，不利于执法的权威性和严肃性。本案通过具体的案例及释法说理，对市场监管系统在执法办案中如何准确适用"择一重处"原则和认定"违法所得"起到了一定的释明、指引的作用。

案例十二　某公司不服某市财政局行政处罚案

申 请 人　某公司

被申请人　某市财政局

关键词

行政处罚　政府采购　开标评标　音像资料　保证金

审理要旨

1. 根据《中华人民共和国行政处罚法》第 33 条的规定，初次违法且危害后果轻微并及时改正的，可以不予行政处罚，即"首违不罚"制度。企业属于首次违法，问题已经积极整改到位，未造成严重的社会危害后果，可以适用该规定不予行政处罚。由于《中华人民共和国行政处罚法》仅对"首违不罚"作了原则性规定，执法机关需要借助法律规范、行政处罚裁量基准对"初次""危害后果轻微""及时改正"三个条件予以具体认定。

2. 根据《市场监督管理信用修复管理办法》的规定，当事人符合已经自觉履行行政处罚决定中规定的义务、已经主动消除危害后果和不良影响、未因同一类违法行为再次受到市场监督管理部门行政处罚等条件的，可以申请信用修复。经过复议机关调解，被申请人在行政处罚公示满最低期限后帮助企业依法进行信用修复，申请人撤回行政复议申请，实现利企便民，保护优化提升营商环境。

基本案情

申请人对被申请人作出的行政处罚决定不服，于 2022 年 12 月 19 日向本机关申请行政复议，请求依法撤销被申请人作出的行政处罚决定。本机关依法已予受理。现已审理终结。

申请人称：2022 年 12 月 4 日收到《某市财政局行政处罚决定书》（×财采罚字〔2022〕1 号）。该决定书对申请人单位代理的某某安防工程采购项目存在音像资料不完整、逾期退回保证金等问题，认为属于违反《中华人民共和国政府采购法实施条例》第 33 条、《政府采购货物和服务招标投标管理办法》第 38 条和第 39 条、《政府采购代理机构管理暂行办法》第 14 条规定的情形，予以处罚。申请人对该处罚积极配合整改、消除不良影响，属于一般轻微违法行为。申请人请求根据《中华人民共和国行政处罚法》第 6 条、第 32 条、第 33 条的规定，依法撤销被申请人作出的行政处罚决定。

被申请人称：其一，申请人违法事实清楚。2022 年被申请人依法实施全国政府采购代理机构监督检查，随机抽查发现申请人代理的 5 个政府采购项目均存在音像资料损坏问题，违反了《政府采购货物和服务招标投标管理办法》第 39 条第 2 款规定和《政府采购代理机构管理暂行办法》第 14 条规定。申请人代理的某某工程采购项目还存在逾期退还保证金问题。根据《中华人民共和国政府采购法实施条例》第 33 条第 2 款规定、《政府采购货物和服务招标投标管理办法》第 38 条第 2 款规定，申请人应在中标通知书发出之日起 5 个工作日内退还未中标人的投标保证金。该项目中标通知书发布于 2021 年 4 月 20 日，最早的退还保证金凭证是 2021 年 5 月 7 日，最晚的退还保证金凭证是 2021 年 6 月 22 日，远超出法律规定的时间。其二，被申请人处罚程序正当合法。被申请人是负责政府采购的监督管理部门，依法履行对政府采购活动的监督管理职责。根据工作安排，被申请人依法对 17 家政府采购代理机构进行了监督检查，对发现的违法问题进行了处理。2022 年 11 月 14 日向申请人送达了《行政处罚（事先）告知书》。在法定期限内，申请人未提出陈述、申辩意见。其三，被申请人处罚适用法律准确。根据《政府采购货物和服务招标投标管理办法》第 78 条："采购人、采购代理机构有下列情形之一的，由财政部门责令限期改正，情节严重的，给予警告……；……（五）未按规定对开标、评标活动进行全程录音录像的；……（八）未按照规定退还投标保证金的……"申请人违反了《政府采购货物和服务招标投标管理办法》第 78 条第 5 项、第 8 项之规定，故被申请人作出《某市财政局行政处罚决定书》（×财采罚字〔2022〕1 号）。

焦点问题分析

本案争议焦点问题在于，申请人主张对该处罚决定能够积极配合整改、消除不良影响，未造成严重社会危害后果，属一般轻微违法行为和首次违法，可适用"首违不罚"相关规定；被申请人认为申请人两个违法行为事实清楚，证据确凿，应给予行政处罚。

《中华人民共和国政府采购法实施条例》第 33 条第 2 款规定："采购人或者采购代理机构应当自中标通知书发出之日起 5 个工作日内退还未中标供应商的投标保证金，自政府采购合同签订之日起 5 个工作日内退还中标供应商的投标保证金。"本案中，申请人代理的某工程项目中标通知书发布于 2021 年 4 月 20 日，退还投标保证金的时间在 2021 年 5 月 7 日以后，明显超出了法律规定的时限。《政府采购货物和服务招标投标管理办法》第 39 条第 2 款规定："采购人或者采购代理机构应当对开标、评标现场活动进行全程录音录像。录音录像应当清晰可辨，音像资料作为采购文件一并存档。"本案中，申请人代理的 5 个政府采购项目均存在开标评标音像资料不完整或者存储设备损坏问题，明显具有违法行为。申请人主张对该行政处罚决定能够积极配合整改、消除不良影响，属于一般轻微违法行为，请求依法撤销被申请人作出的行政处罚决定。复议机关认为，被申请人作出的行政处罚决定违法事实认定清楚，法律适用正确，应予以维持。但是鉴于疫情影响，企业经营困难，问题已经积极整改到位，企业也属于首次违法，未造成严重的社会危害后果，基于利企便民、保护优化提升营商环境的考虑，经过复议机关调解，被申请人在行政处罚公示满最低期限后帮助企业依法进行信用修复，申请人撤回行政复议申请，复议案件终止。

审理结果

经过复议机关调解，申请人撤回行政复议申请，复议案件终止。

典型意义

2021 年修订的《中华人民共和国行政处罚法》第 33 条增设了不予行政处罚的情形，即增补"违法行为轻微并及时改正，没有造成危害后果的""初次违法且危害后果轻微并及时改正的""当事人有证据足以证明没有主观过错的"三类情形作为不予处罚的条件。

第一类情形，即"违法行为轻微并及时改正，没有造成危害后果的，不予行政处罚",也称为"轻微不罚"。"轻微不罚"的前提是同时具备违法行为轻微、及时改正、没有造成危害后果三项要件。"违法行为轻微"是指违法行为的程度轻微,通常由执法机关考量违法行为的性质、次数、数额等因素后判定。"及时改正"是指当事人及时将违法行为恢复到合法状态。"没有造成危害后果"是区分"轻微不罚"与"首违不罚"的关键标准,是指当事人实施了违法行为但是尚未造成危害后果,及时采取纠正措施防止危害后果发生。

第二类情形,即"初次违法且危害后果轻微并及时改正",也称为"首违不罚"。"初次"一般指在一定的追责时效内行政主体发现违法行为的首次。一般的违法行为以 2 年为期限,涉及公民生命健康安全、金融安全且有危害后果的以 5 年为期限,而法律另有规定的,以特别规定为准。"危害后果轻微"是指行为给行政法所保护的法益造成的现实侵害事实与现实危险状态轻微。"轻微"是不确定法律概念,目前没有客观标准,加之行政法领域宽泛,难以制定统一的标准。基于执法实践和司法实践,"轻微"一般从违法数额、违法行为持续时间、违法行为对第三人造成的损害程度等方面予以考量。"及时改正"的时间可以是事中或者事后,需要由执法机关结合各执法领域事项的具体情况予以认定。同时这种认定可能涉及对当事人主观状态的认定,即当事人是否有主动消除或者减轻违法行为危害后果的主观意志。

第三类情形,即"当事人有证据足以证明没有主观过错",也称为"无错不罚"。在行政法律规范当中,行政处罚所依据的绝大多数规范不设置主观构成要件。由于对相对人的主观方面的调查取证难度较高,无疑会加重行政执法机关的负担,不利于快速恢复行政管理秩序,加之行政违法后果对行为人的影响程度轻于刑事违法责任,因此行政处罚一般不考察违法者的主观意志。《中华人民共和国行政处罚法》增设该规定,将主观过错纳入行政处罚的考量,由违法行为人承担举证责任。

涉企案件查办要把握好政策,既要查清问题,又要最大限度地保护企业,让轻微违法违规的企业能够有改正错误的机会。企业最看重的是声誉,要稳妥发布涉企案件信息,避免因办案不当给企业造成负面影响。

案例十三　某有限公司不服某市某局行政处罚案

申 请 人　某有限公司

被申请人　某市某局

关键词

环境保护设施行政处罚　裁量权基准

审理要旨

《中华人民共和国环境保护法》和《建设项目环境保护管理条例》规定，建设项目需要配套建设的环境保护设施，必须与主体工程同时设计、同时施工、同时投产使用，即"三同时"制度，这是对生产经营单位可能造成环境污染的一种事先预防行为。需要配套建设的环境保护设施未建成、未经验收或者验收不合格，建设项目即投入生产或者使用，生产经营单位即违反法律法规的规定，应当依法予以处罚。

基本案情

申请人某有限公司 2020 年 2 月份向被申请人某市某局报送了《某有限公司年产 150 万吨机制砂、水洗砂建设项目环境影响报告表》，2020 年 2 月 27 日某市某局以某批复【2020】27 号"关于某有限公司年产 150 万吨机制砂、水洗砂建设项目环境影响报告表的批复"，在批复中明确了案涉建设项目在设计、建设过程中应重点做好的工作：①建设项目需要配套建设的环境保护设施，必须与主体工程同时设计、同时施工、同时投产使用；并确保环保投资到位。②项目建设过程中要严格按照环评报告表及批复要求，落实各项污染治理措施。③施工期要严格落实某市关于建筑工地扬尘污染控制的"六要四禁止"要求；施工废水集中收集，综合利用；选用低噪声施工机械，防止噪声扰民。夜间施工按有关规定执行；建筑垃圾与生活垃圾分类收集、处置。④项目的事中事后监管工作由某分局负责。建成后向某市生态环境局提交固体废物污染防治设施竣工环保验收申请，其他污染防治设施的竣工环保由建设单位自主开展，编制验收报告并向社会公示，验收合格后方可正式投入生产。某市环保局在批复中将要求详尽告知申请人，但申请人在后续施工中，未严格按照批复要求进行建设，在环保配套设施尚未建成、未经验收情况下，擅自投入生产，也未上报环保部门。环保部门在例行日常工作检查时发现违法行为，在首次告知其权利后，申请人不按期进行申辩，某市某局于2021年4月28日作出行政处罚决定书。

焦点问题分析

该案焦点问题在于：一是关于法律是否赋予某市某局作为生态环境行政处罚主体处罚权的问题；二是关于某市某局处罚程序是否合法、法律依据是否充分问题；三是关于某市某局处罚依据是否正确问题；四是关于是否应当降低处罚的问题。

（一）关于法律是否赋予某市某局作为生态环境行政处罚主体处罚权的问题

《中华人民共和国行政处罚法》第18条、第20条、第21条规定，国家在城市管理、市场监管、生态环境、文化市场、交通运输、应急管理、农业等领域推行建立综合行政执法制度，相对集中行政处罚权。某市某局对影响环境保护的违法行为享有处罚权，被申请人作为处罚主体是适格的。

（二）关于某市某局处罚程序是否合法、法律依据是否充分问题

《中华人民共和国行政处罚法》第7条第1款规定："公民、法人或者其他组织对行政机关所给予的行政处罚，享有陈述权、申辩权；对行政处罚不服的，有权依法申请行政复议或者提起行政诉讼。"本案是依申请的审批项目，申请人在2020年2月份提出申请，被申请人关于申请人的报告作出了明确批复，批复内容明确、可执行性强，但申请人未严格遵照执行。被申请人在例行日常工作检查中发现了违法行为，向其下达《责令改正违法行为决定书》《行政处罚事先告知书》等文书，充分保障了该公司的陈述、申辩的权利，并依照程序进行了送达，没有违反法定程序。

（三）关于某市某局处罚依据是否正确问题

《中华人民共和国行政处罚法》第14条规定："地方政府规章可以在法

律、法规规定的给予行政处罚的行为、种类和幅度的范围内作出具体规定。尚未制定法律、法规的，地方政府规章对违反行政管理秩序的行为，可以设定警告、通报批评或者一定数额罚款的行政处罚。罚款的限额由省、自治区、直辖市人民代表大会常务委员会规定。"某市某局2021年4月28日作出的行政处罚决定书依据《建设项目环境保护管理条例》，参考《陕西省环境行政处罚自由裁量权基准》，该依据符合《中华人民共和国行政处罚法》的规定，可以作为处罚的依据。

（四）关于是否应当降低处罚的问题

申请人在被申请人对建设项目提出明确批复的情况下，在项目未建成、未验收合格情况下于2020年6月和2021年3月开始生产，并有外购外销行为。申请人认为其生产为试运行，而非正式投产和使用，被申请人对其处罚不当。复议机关不予认可该观点，申请人进行生产并对外销售，显然属于违法行为。申请人认为被申请人对违法行为的事实、性质、情节以及社会危害程度认识不准确，应当降低处罚的观点，复议机关不予认可。被申请人两次执行检查并责令其停止生产，建设配套设施，完善手续，但申请人持续处于违法状态。被申请人依据规定对其处罚35万元，已经属于违法处罚基准中的最低执行标准。所以，被申请人依据法定职责，依法进行执法调查，在查明违法事实的基础上，依据规定作出的处罚决定书，事实清楚，证据确凿，适用法律正确，程序合法，内容适当，应当予以维持。

审理结果

根据查明事实和证据，复议机关于2021年8月27日依据《中华人民共和国行政复议法》第28条第1款第1项规定，作出行政复议决定书，维持了某市某局2021年4月28日作出的《行政处罚决定书》。

典型意义

在现代政府治理体系中，执法占据着核心位置，是切实有效提升政府治理效能的关键。综合行政执法改革旨在职能整合的基础上，减少执法层级，细化执法责任，提升监管执法效能。具体在生态环境保护领域，中共中央办公厅、国务院办公厅在2018年12月印发了《关于深化生态环境保护综合行政执法改革的指导意见》的通知，聚焦解决横向上的多头执法、纵向上的多层重复执法问题，提出有效整合生态环境保护领域执法职责，建立职责明确、边界清晰的执法体制，明确综合执法的事项和职能；同时，鼓励地方政府积极进行更大范围整合的探索。根据《中华人民共和国行政处罚法》第18条的规定，国家在城市管理、市场监管、生态环境等领域推行建立综合行政执法制度，相对集中行政处罚权。

习近平总书记指出，要始终坚持用最严格制度最严密法治保护生态环境。保护生态环境必须依靠制度、依靠法治。随着生态环境保护综合行政执法制度的推进，各地生态环境保护执法机构和队伍进行了调整，组建了不同形式的生态环境保护综合执法队伍。具体而言，各地开展的生态环境保护综合行政执法改革主要呈现以下两种模式：其一，生态环境保护领域内的综合行政执法改革，即整合环境保护、农业、林业等不同部门行使的生态环境保护行政执法权，成立生态环境保护综合行政执法队伍，统一行使与生态环境保护相关的综合行政执法职权。其二，由专业执法队伍统一行使相关的行政处罚权，即在综合行政执法改革范围内，由组建的综合行政执法部门统一行使生态环境保护、市场监督、交通运输等领域的综合行政执法职权。

本案系申请人在明知建设项目中应当实施相关环境保护评价报批而故意违法行为造成的行政处罚案件，本应对其从重处罚，但处罚机关考虑到企业在处罚后有整改行为，对其作出了从轻处罚。十八大以来，党中央高度重视生态环境建设。习近平总书记说："绿水青山就是金山银山""保护生态环境、提高生态文明水平，是转方式、调结构、上台阶的重要内容。经济要上台阶，生态文明也要上台阶。我们要下定决心，实现我们对人民的承诺。"本案中执法机关认真贯彻落实《中华人民共和国环境保护法》和其他相关法律法规，认真贯彻党中央和习近平总书记的决策部署，遏制生态环境恶化，坚决查处环境违法行为，杜绝以牺牲环境为代价的低质量的发展经济行为，积极响应总书记的号召和决策部署，坚决落实严格执行生态环境建设的各项要求。从行政复议办理、法治监督角度，为实现经济社会高质量发展提供法治保障。

案例十四　某县某公司不服某市生态环境局行政处罚案

申 请 人　某县某公司

被申请人　某市生态环境局

关键词

固体废物　污染环境　行政审批　备案

审理要旨

在实践中，行政备案容易与行政许可混淆。《中华人民共和国固体废物污染环境防治法》第22条第2款规定："转移固体废物出省、自治区、直辖市行政区域利用的，应当报固体废物移出地的省、自治区、直辖市人民政府生态环境主管部门备案。移出地的省、自治区、直辖市人民政府生态环境主管部门应当将备案信息通报接受地的省、自治区、直辖市人民政府生态环境主管部门。"该法规定的"备案"具有明显的告知性，并不具有"审批"的功能，申请备案义务人主动申报即满足备案要求。申请人递交了备案资料，行政机关以自己未完成审核程序为由认定其没有备案违法，显然不当。

基本案情

2020年7月28日，申请人某县某公司与洛阳某公司签订《废旧物综合利用处置合作协议》，约定洛阳某公司以每吨6500元的价格收购某县某公司生产所产生的废耐火砖，由洛阳某公司回收处置招标的废旧物资，合同有效期至2021年7月14日止。2021年3月9日，被申请人某市生态环境局执法人员对申请人某县某公司日常执法检查。2020年11月16日，申请人某县某公司填制《陕西省固体废物跨省转移利用备案表（试行）》，填报固体废物移出者为某县某公司，固体废物接受者为洛阳某公司，运输者为洛阳某运输公司。2020年11月23日，某市生态环境局某县分局在备案表"移出地县级生态环境部门意见栏"签署同意并盖章。后该备案表送交被申请人某市生态环境局。

某市生态环境局未签署意见、盖章。2021 年 3 月 16 日,被申请人某市生态环境局以申请人某县某公司跨省转移固体废物利用处置未进行转移备案,立行政案件调查。2021 年 5 月 7 日,被申请人某市生态环境局作出《责令改正违法行为决定书》,主要内容为:某县某公司与洛阳某公司签订废旧物资综合处置合作协议,2020 年共计处置 4 次,时间为 2020 年 8 月 10 日废耐火砖和废浇注料各一车/次,2020 年 11 月 26 日废耐火砖和废浇注料各一车/次,其中废耐火砖转移 10.8 吨,销售后所得金额 70 200 元,废浇注料 15.02 吨,销售后所得金额为 1201.6 元。某县某公司未办理固体废物跨省转移批复文件或备案手续,未如实记录固体废物台账信息,违反了《中华人民共和国固体废物污染环境防治法》第 22 条第 2 款及第 36 条之规定,依据《中华人民共和国行政处罚法》第 23 条和《中华人民共和国固体废物污染环境防治法》第 102 条规定,责令某县某公司立即进行整改。本案行政复议期间,被申请人未能提供责令整改决定书作出后送达的证据材料。2021 年 5 月 7 日,被申请人某市生态环境局作出《行政处罚事先(听证)告知书》,告知了申请人某县某公司违反法律规定,将要作出没收违法所得 71 401.6 元;未建立固体废物管理台账并如实记录,罚款 150 000 元;转移固体废物出省、自治区、直辖市行政区域利用未备案,罚款 600 000 元;告知了作出行政处罚的理由以及法律依据及某县某公司享有陈述申辩和听证的权利。告知书作出后送达某县某公司。2021 年 6 月 25 日,被申请人某市生态环境局组织召开了听证会,申请人某县某公司派员参加了听证会。2021 年 7 月 9 日,被申请人某市生态环境局召开案件集体审议会议,对某县某公司案件进行集体讨论。2021 年 7 月 12 日,被申请人某市生态环境局作出《行政处罚决定书》,主要内容为:"(一)我局于 2021 年 3 月 9 日对你公司进行调查,发现你公司 2020 年共计处置废耐火砖和废浇注料 4 次,其中自新《中华人民共和国固体废物污染环境防治法》实施后,在 2020 年 11 月 26 日跨省转移利用处置废耐火砖和废浇注料各一车/次,其中废耐火砖转移 10.8 吨,销售后所得金额 70 200 元,废浇注料 15.02 吨,销售后所得金额为 1201.6 元,销售金额共计 71 401.6 元。均未办理完结固体废物跨省转移批复文件或备案手续。(二)未建立固体废物管理台账并如实记录产生工业固体废物的种类、数量、流向、贮存、利用、处置等信息。

违反了《中华人民共和国固体废物污染环境防治法》第二十二条第二款和第三十六条第一款的规定。陕西省生态环境厅 2020 年 10 月将跨省转移固体废物行政审批事项、跨省转移固体废物（利用）备案事项委托给某市生态环境局组织实施，建立固体废物管理台账是 2020 年 9 月 1 日实行新《中华人民共和国固体废物污染环境防治法》作出的新规定等，建议对处罚额度做以适当调整。依据《中华人民共和国固体废物污染环境防治法》第一百零二条第一款第六项、第八项及《陕西省环境行政处罚自由裁量权适用规则及基准》之规定，决定：1. 对转移固体废物出省行政区域利用未报备案的违法行为处以罚款 500 000 元；2. 对未建立固体废物管理台账并如实记录的违法行为处以罚款 100 000 元；3. 没收违法所得 71 401.6 元。共计 671 401.6 元。"行政处罚决定作出后于 2021 年 7 月 13 日送达申请人某县某公司，2021 年 8 月 2 日全部款项缴纳完毕。

焦点问题分析

该案焦点问题在于：一是关于"备案"的完成情况问题；二是关于"台账"是否建立问题。

（一）关于"备案"的完成情况问题

《中华人民共和国固体废物污染环境防治法》中规定的"备案"具有明显的告知性，并不具有"审批"的功能，申请备案义务人主动申报即满足备案要求。2020 年 10 月，陕西省生态环境厅已将此项备案事项委托某市生态环境局组织实施，而申请人企业已将该备案材料在 2021 年 11 月 23 日经过某市生态环境局某县分局盖章后递交被申请人，申请人某县某公司根据《中华人民共和国固体废物污染环境防治法》第 22 条"转移固体废物出省、自治区、直辖市行政区域利用的，应当报固体废物移出地的省、自治区、直辖市人民政府生态环境主管部门备案。移出地的省、自治区、直辖市人民政府生态环境主管部门应当将备案信息通报接受地的省、自治区、直辖市人民政府生态环境主管部门"规定，递交了备案资料，被申请人某市生态环境局以自己未完成审核程序为由认定其没有备案违法，显然不当。

（二）关于"台账"是否建立问题

被申请人某市生态环境局在其提供的 2021 年 3 月 9 日、3 月 15 日两次调查笔录中未涉及对企业固体废物台账进行检查，3 月 30 日调查笔录中虽涉及"该公司只提供了废汽化炉砖台账，未提供工业固体废物台账"描述，但由于本次笔录与 3 月 15 日笔录均无被调查人签字确认，其同时提供的图片证据拍摄时间与笔录时间均不吻合，不能证明笔录的效力，亦无法据此印证行政处罚决定中认定的未建立固体废物台账的事实，该认定事实缺乏重要证据支持。

审理结果

根据《中华人民共和国固体废物污染环境防治法》规定，被申请人某市生态环境局对本行政区域固体废物污染环境防治工作实施统一监督管理，按照法律规定，行政机关在开展执法活动中，要仔细、客观地查明违法行为企业的违法事实，认真、严格地依照法律程序要求履行法定职责。根据《中华人民共和国行政复议法》第 28 条第 1 款第 3 项之规定，复议机关作出如下决定：撤销被申请人某市生态环境局作出的《行政处罚决定书》。

典型意义

行政审批改革是中国法治建设的重大实践之一。在行政审批改革过程中，行政审批项目不断削减，行政审批权力逐步下放，行政审批方式创新改革，促进了市场开放。特别是大量项目投资、市场准入及经营活动方面审批项目的取消，推动了市场经济快速发展。当部分事项不再一律实行审批制，改为实行核准制或者备案制，一些行政机关未能转变思维方式，重塑工作流程，导致行政审批改革未能充分发挥实效。

行政许可、行政审批和行政备案之间的关系较为复杂。广义的行政审批形式上包括审批、核准、批准、审核、同意、注册、许可、认证、登记、鉴证等，包括行政许可和非行政许可的行政审批。狭义的行政审批仅指行政许可，即对申请人报批的事项进行审查，决定批准或者不予批准的行为。行政备案则是行政机关依法要求公民、法人和其他组织报送其从事特定活动的有关材料，以便日后备查和进行监督的事后监管方法。从法律性质而言，行政许可和行政备案存在明显差异，由此两者所适用的法律依据、法律程序、法律后果都有所不同。对于行政相对人而言，行政备案应当只是一种程序性行为，行政相对人具有报送相关材料的法定义务，但是备案行为的结果不对相对人的权利义务产生直接影响。如果法律规范表述为"未经备案，相对人便不能从事相应的活动"，那么这些名义上的行政备案事项性质上仍然是行政许可。

在行政审批制度改革背景之下，行政备案越来越频繁地成为创新行政审批方式的替代性手段和行政机关实施管理的重要方式。从我国现有法律规定和行政实践来看，行政备案在多数情况下是不具有审批或许可效力的，可以分为信息收集型和存档备查型。实施行政备案的主体应当为行政主体，依据行政法律规范，按照一定的程序，对需要备案的事项、内容、方式、时间等条件予以规定，行政相对人按照法定要求提供相应的信息或者资料即可。

对于"备案"与"备案审批"词义的理解及适用在案件审理中很关键。复议机关对于这类复议案件，重点在于评价行政执法行为，利用复议文书充分说理，对化解行政争议会起到较好作用。

案例十五　某公司不服某区交通运输局行政处罚案

申 请 人　某公司

被申请人　某区交通运输局

关键词

交通运输　行政处罚　相对集中行政处罚权　新法优于旧法

审理要旨

交通运输综合行政执法，是指将交通运输部门下设的多个行政执法机构归并为一个机构，将各交通运输执法机构的交通行政处罚权、监督检查权和行政强制措施，相对集中地交由经整合设立的交通运输综合执法机构行使。按照《中华人民共和国行政处罚法》第18条规定，国家在城市管理、市场监管、生态环境、文化市场、交通运输等领域推行建立综合行政执法制度，相对集中行政处罚权。2019年交通运输部的部门规章《道路危险货物运输管理规定》第7条、第63条规定，交通运输部主管全国道路危险货物运输管理工作，县级以上地方人民政府交通运输主管部门负责组织领导本行政区域的道路危险货物运输管理工作，县级以上道路运输管理机构负责具体实施道路危险货物运输管理工作；道路危险货物运输企业违反本规定擅自改装已取得《道路运输证》的专用车辆及罐式专用车辆罐体的，由县级以上道路运输管理机构责令改正，并处5000元以上2万元以下的罚款。根据《关于深化交通运输综合行政执法改革的指导意见》的规定，将交通运输系统内公路路政、道路运政、水路运政等执法门类的行政处罚以及与行政处罚相关的行政检查、行政强制等执法职能进行整合，组建交通运输综合行政执法队伍，以交通运输部门名义实行统一执法。综上，在交通运输综合执法领域，根据国务院或者省、自治区、直辖市人民政府的决定，可以由一个行政机关相对集中行使有关行政机关的行政处罚权。

基本案情

2022 年 7 月 21 日 10 时，某区交通运输局执法人员李某、韩某巡查至某市某区西高速路出口 300 米处，发现巩某驾驶（押运员牛某）某公司所属运输车辆从商洛市拉运硫酸前往某区陕化厂。在检查过程中执法人员发现陕 H186××半挂牵引车涉嫌擅自改装已取得道路运输证的车辆从事道路运输经营活动，执法人员按规立案、固定证据后，为避免危险货物运输车辆停靠在路边发生次生事故，于 2022 年 7 月 21 日 14 时 41 分，某区交通运输局执法人员将该车引导至安全区域，由该车驾驶员巩某、押运员牛某将半挂牵引车擅自加装的燃油发电机自行拆除，消除违法状态后，该车于 2022 年 7 月 21 日 14 时 55 分自行驶离，随后执法人员继续开展案件后续调查处理工作。

焦点问题分析

本案焦点问题在于：一是关于某区交通运输局是否越权处罚问题；二是关于某区交通运输局认定违法事实是否存在问题；三是关于某区交通运输局是否对某公司车辆实施强制问题；四是关于某区交通运输局的执法主体是否适格问题。

（一）关于某区交通运输局是否越权处罚问题

某区交通运输局依据《中华人民共和国行政处罚法》第 18 条、《道路危险货物运输管理规定》第 7 条规定取得执法权，有权对道路危险货物运输企业擅自改装行为进行处罚，不存在越权处罚。

（二）关于某区交通运输局认定违法事实是否存在问题

某区交通运输局依据《道路危险货物运输管理规定》第 22、63 条之规定，对某公司擅自改装车辆从事危险货物运输的行为进行处罚，某公司的违法事实显然存在。

（三）关于某区交通运输局是否对某公司车辆实施强制问题

某区交通运输局为防止次生灾害发生，引导某公司车辆行驶至安全区域，由某公司驾驶员和押运员进行整改，消除车辆违法状态后予以放行自行驶离，并未对某公司车辆采取扣押等强制措施。

（四）关于某区交通运输局的执法主体是否适格问题

某区交通运输局依据《中华人民共和国行政处罚法》《关于深化交通运输综合执法改革的指导意见》《道路危险货物运输管理规定》依法执法，是适格的执法主体。

审理结果

维持被申请人某区交通运输局作出的《行政处罚决定书》。

典型意义

综合行政执法是《中华人民共和国行政处罚法》实施后，在相对集中行政处罚权改革的基础上，为进一步优化行政执法权而提出的改革方向。2018年3月中共中央印发《深化党和国家机构改革方案》，提出整合组建市场监管、生态环境保护、文化市场、交通运输、农业五支综合执法队伍，大幅减少执法队伍种类，合理配置执法力量。深化综合行政执法体制改革，核心是转变政府职能，重新界定政府与市场、社会的边界，解决政府管理不平衡造成的过度干预、监管不足等问题。构建交通运输综合行政执法体制是推进国家治理体系和治理能力现代化在交通运输领域的必然要求，对于解决长期以来困扰交通领域的多头执法、职权交叉、重复处罚等问题具有重要意义。近年来，各省积极响应并大力推进交通运输综合行政执法改革，整合执法队伍，厘清相关职责权限，实行政策制定与监督处罚职能相对分开，执法权下沉到市县，执法重心向基层倾斜，提升执法效能。

以案普法，通过本案行政复议全过程，最后以行政复议决定书形式对申请人进行了法律方面的答疑解惑，倒逼行政机关严格落实国家机关"谁执法谁普法"的普法责任制，以执法过程中的法条解释和法律精准宣传，有效降低行政行为纠纷和分歧带来的行政复议与诉讼，并严格落实行政执法"三项制度"。只有充分发挥行政复议公正高效、便民为民的制度优势和化解行政争议的主渠道作用，才能提高行政复议公信力。正确的行政决定得以贯彻执行，违法、不当的行政行为得以撤销、变更、确认违法等，才能使得行政争议公正高效地得以解决。

行政复议作为一种重要的行政救济方法，能够及时纠正行政机关的错误，既为公民、法人或者其他组织的合法权益提供有力的法制保障，使其免受不法行政的侵害，并使受到侵害的权益得到恢复，又能够维护行政活动的严肃性和权威性，保障行政活动顺畅进行，提高行政效率。

案例十六　某销售公司不服某市市场监督管理局行政处罚案

申 请 人　某销售公司

被申请人　某市市场监督管理局

关键词

销售商免责　侵权抗辩　保护商品专用权人

审理要旨

1. 2013 年《中华人民共和国商标法》第三次修正时设立了销售商免责条款，为平衡商标权人与销售商之间的利益，第 60 条第 2 款规定，"……销售不知道是侵犯注册商标专用权的商品，能证明该商品是自己合法取得并说明提供者的，由工商行政管理部门责令停止销售"。申请人未从正规途径进货，也未索取正规的票据和相关进货手续，构成商标侵权行为，不能免除侵权责任。

2. 《中华人民共和国商标法实施条例》第 79 条规定了商品"合法取得"的四种情形；《商标侵权判断标准》第 28 条规定"说明提供者"的构成要件，当申请人不符合法定要件时，则不能免责。

基本案情

申请人不服被申请人作出的《行政处罚决定书》，向某市政府申请行政复议。

申请人认为：对于被申请人认定申请人存在侵犯注册商标专用权行为无异议，但根据《陕西省市场监督管理局行政处罚裁量权适用规则》的规定，应对申请人从轻或减轻处罚。一是申请人购买产品后并未进行销售，未造成损害后果。二是在现场执法检查时，申请人无暴力抗法和不文明行为。三是在调查中积极配合并主动说明货物来源和出示相关的购买清单。四是并无其他违法行为，系未遂且属初犯。五是附购货转款证明和厂家营业执照及业务人员身份证明的相关材料。

被申请人认为：申请人销售侵权商品行为，属于销售侵犯注册商标专用权的商品违法行为。本案适用法律依据准确、裁量适当。一是申请人低价购进涉案商品并低价对外销售，销售价格与市场指导价存在近 1 倍价格差。二是申请人未从正规渠道购货，未履行进货查验义务，也未向供货商索要相关产品证明资料，具有实施违法行为的主观故意，同时其行为也并无从轻、减轻情形。根据《中华人民共和国商标法》第 60 条第 2 款及《陕西省市场监督管理局行政处罚裁量权适用规则》第 12 条的规定，作出的行政处罚决定认定事实清楚，证据充分，适用法律正确，程序合法，裁量适当。

复议机关审理查明：2021 年 4 月，被申请人接到中国石化润滑油有限公司、中国石油天然气股份有限公司某某润滑油销售分公司投诉，请求查处某销售公司销售假冒某牌、某某牌系列产品，被申请人随即对申请人销售的油品进行监督检查，经鉴定所销售的油品均属假冒产品，并向申请人送达《鉴定结果告知书》；随后以申请人涉嫌销售侵犯注册商标专用权的润滑油违法为由予以立案；8 月，向申请人送达《行政处罚听证告知书》，同月作出《行政处罚决定书》，认为申请人的行为违反了《中华人民共和国商标法》第 57 条第 3 项的规定，责令停止侵权行为，没收侵权商品并对其处以 85 000 元的罚款。

焦点问题分析

本案的焦点问题在于申请人是否符合《中华人民共和国商标法》中的销售商免责条款？

一方面，申请人称自己主观上不知情，并不存在违法的故意。21 世纪初，中国加入世界贸易组织，为使我国法律和《与贸易有关的知识产权协定》（TRIPS 协定）接轨，2001 年第二次修正的商标法中首次出现了"不知道"的相关规定，并保留至今。商标法要求销售商在销售商品或提供服务时，必须使用合法注册的商标，保护商标权利人的合法权益。如果销售商在销售过程中未经授权使用他人的商标，可能构成商标侵权，需要承担相应的法律责任。在商标侵权纠纷中，销售商可能会以"不知道"为抗辩理由，即不知道所售商品上的商标侵权。但这并不意味着"不知道"可以成为销售商免责的必要条件，销售行为本身已构成侵权，只是在满足一定要件的情形下免除销售商的侵权行政责任和民事责任。参照《中华人民共和国专利法》《中华人民共和国民法典》《最高人民法院关于审理侵犯专利权纠纷案件应用法律若干问题的解释（二)》等法律、司法解释对"不知道"含义的解释，《中华人民共和国商标法》中"不知道"的含义可以理解为实际不知道且不应当知道，明知或者应知不属于"不知道"。长城牌、昆仑牌系列产品拥有知名程度较高的商标，可以推定申请人主观上存在明知、应知的情形。

另一方面，申请人称自己主动说明货物来源并出示相关购买清单。《中华人民共和国商标法实施条例》第 79 条规定了"合法取得"的四种情形；《商标侵权判断标准》第 28 条规定"说明提供者"的构成要件。本案根据证据显示申请人为节约成本，贪图便宜，未从正规途径进货，也未索取正规的票据和相关进货手续，对低价购进的涉案商品进行销售的价格与市场指导价存在近 1 倍价格差，因此申请人的行为不属于法定免责情形。

审理结果

本案复议机关首先审查和认定了被申请人作出行政处罚的事实依据和程序的合法性，同时确定了申请人对其销售的涉案产品属于销售侵犯注册商标专用权商品的违法行为。对于申请人所称近两年受疫情影响导致生意惨淡，希望能够减轻处罚数额的请求，因申请人所销售的假冒油品存在对人身、财产安全造成损害的重大隐患，对该理由办案人员未采纳，后作出维持被申请人的行政处罚决定。

典型意义

随着市场经济的深入发展，驰名商标不仅仅是用来表明商品或服务的出处，更重要的是其还代表了商标品牌的价值和企业的形象，消费者可以凭借该商标来识别并辨别特定品牌的产品或服务。保护驰名商标既可以防止其他企业或个人非法使用或滥用该商标，避免品牌价值受损和商业利益流失。同时，保护驰名商标能够确保消费者不会受到假冒伪劣商品或欺诈性服务的侵害，从而维护消费者的权益和信心。

　　因此，注册了驰名商标的企业付出大量的时间和精力来维护其品牌，但部分小商家既想依靠销售名牌货品来吸引客户，又想低进高出赚取高额利润，为达到该目的，部分商家就会从非正规途径进货并低价进行销售。销售侵犯注册商标专用权产品案件中销售商提出免责请求时，复议机关应当仔细分析条款的语言和用词，正确理解"销售不知道是侵犯注册商标专用权的商品"的内涵，或是参考相关的判例和司法解释，尤其是最高法院的解释和指导意见准确适用销售商免责条款，依法严厉打击以"销售不知道是侵犯注册商标专用权的商品"为名，行"侵犯注册商标专用权"之实的违法行为，让侵权者付出代价，切实维护原权利人合法权益，优化营商环境。

案例十七　三个加油站不服某市市场监督管理局行政处罚案

申 请 人　甲加油站　乙加油站　丙加油站
被申请人　某市市场监督管理局

关键词

普通共同行政复议　同案同判　行政效率

审理要旨

普通共同行政复议是指两个或者两个以上有独立请求权的申请人，因同一或同类性质行政行为分别向同一复议机关提出行政复议要求，行政复议机关可以决定予以合并审理。

基本案情

三申请人不服被申请人作出的《行政处罚决定书》，分别向某市政府申请行政复议。

申请人甲加油站认为：被申请人作出的处罚决定一是程序违法，在执法中未出示执法证及抽检通知书，未依法告知其享有陈述权、申辩权、申请回避权及申请复检的权利，行政处罚的立案时间、作出决定时间均超出法定期限。二是抽查检验程序不规范，所取样品不具有代表性，取样前未做清洗及先行排放，无法排除样品容器被污染的可能性，取样后未做倒置试漏，取样标注信息缺失，检验报告中记载申请人闪点（闭口）指标不合格。三是认定事实不清，被申请人抽查完油品后，要求申请人负责人提交近期购进油品的支付记录，支付时间需在取样前后，以此作为处罚的计算基数，应查清申请人实际购进吨数以及实际支付价款，来作为处罚的事实依据。四是被申请人作出大额罚款与当前疫情期间对小微企业的扶持政策相悖。

申请人乙加油站认为：被申请人作出处罚决定一是程序违法，证据不足，适用法律错误。抽检时未让申请人核对待检验标的数量，委托鉴定程序违法，取样违法，且未告知申请人有对检验报告提出异议的权利；认定申请人不合格油品数量 32.9 吨，货值 171 738 元依据不足；检验报告与处罚决定上的油品数量不一致。二是申请人并非石油生产加工企业，购买时并不知道油品质量是否合格，且如实向被申请人说明了进货来源，根据《中华人民共和国产品质量法》第 55 条规定，应从轻或减轻处罚。

申请人丙加油站认为：被申请人作出处罚决定证据不足，适用依据错误。一是第三方某产品质量检测有限公司出具的检验报告程序不合法，内容不符合客观情况，未按照《全国人民代表大会常务委员会关于司法鉴定管理问题的决定》《司法鉴定程序通则》规定，在检验报告中附鉴定机构及鉴定人员资质证书，是否具有鉴定资质不能确定；检验报告程序违法，未按照《司法鉴定程序通则》第 36 条的规定，按照统一规定的文本格式制作司法鉴定意见书。抽检时执法人员和抽检人员均未向申请人出具能证明其身份的证件，且不能确定检验报告中记载的抽检人员是否为实际抽检人员。抽检人员抽样时未按照规定取样。二是根据《市场监督管理行政处罚程序暂行规定》第 57 条规定，被申请人作出处罚决定时限过长，违反法律规定。三是本次抽检的油品，经申请人的上级单位检验是合格的，检验时从油品出库到检验前全程视频监控，检验过程完整严密，经检验合格后才出售。故第三人出具的检验报告不能作为定案依据。

被申请人认为：根据《中华人民共和国产品质量法》第 39 条规定："销售者销售产品，不得掺杂、掺假，不得以假充真、以次充好，不得以不合格产品冒充合格产品"，经抽检，三个加油站销售的油品均存在不合格，违法事实清楚。根据《中华人民共和国产品质量法》第 49 条，结合《关于规范市场监督管理行政处罚裁量权的指导意见》规定，分别作出的行政处罚决定认定事实清楚，罚款数额合理，证据充分，适用依据正确，程序合法。

复议机关审理查明：2019 年 7 月，某市市场监管局分别对三申请人销售的油品进行抽检，发现均有所销售的部分柴油、汽油不合格情形；8 月，委托某产品质量检测有限公司对抽检的油品进行检验，检验报告的结论均不合格；9 月，分别向三申请人送达《检验结果告知书》，载明检验结果不合格及提出异议的期限；10 月，以三申请人涉嫌销售不合格油品为由分别立案，进行了现场检查等。2020 年 1 月、2 月，被申请人以案情复杂、涉及机构改革、受疫情影响为由，两次对案件进行延期审理；8 月，分别向三申请人送达《行政处罚听证告知书》《行政处罚听证通知书》，9 月，组织召开了听证会；12 月，作出《行政处罚决定书》，认为三申请人的行为违反了《产品质量法》第 39 条、第 49 条的规定，分别处以 18 万 ~20 万元以内数额不等的罚款。

焦点问题分析

本案的焦点问题在于行政复议机关如何高效地审理案件，以达到"案结事了"的效果？

复议机关合并审理案件这种做法旨在提高行政复议工作的效率和质量，避免重复劳动和资源浪费。本案中，复议机关在充分考虑案件性质、复杂程度、当事人意见等因素的情形下，认为三申请人复议的标的都是市场监管局针对其销售油品不合格而作出的行政处罚行为，该行政处罚行为属于同样的类型。同时，三申请人归属于同一复议机关管辖，符合合并审理的要件。

复议机关合并审理案件是一种为提高行政复议效率和质量而采取的措施。复议机关通过明确的程序和规定，确保案件能够公正、公平地得到审理，并保障当事人的合法权益。

审理结果

复议机关认为本案符合合并审理的条件，并根据《中华人民共和国行政复议法实施条例》第 50 条第 1 款"有下列情形之一的，行政复议机关可以按照自愿、合法的原则进行调解：（一）公民、法人或者其他组织对行政机关行使法律、法规规定的自由裁量权作出的具体行政行为不服申请行政复议的……"之规定，认为本案具有复议调解的法定条件。因此，组织三申请人和被申请人召开案件调解会，提出调解思路，促使被申请人在区分主观过错原因、分析违法危害性大小的基础上考虑企业因应急管理需要等客观原因面临的困难，在自由裁量范围内减轻罚款额度。最终双方自愿达成和解，签订了调解协议，复议机关及时制作并送达了《行政复议调解书》，三个调解协议全部及时履行完毕。

典型意义

在某些情况下，出于对工作量、审理周期等考虑，为了提高工作效率和减少资源浪费，复议机关会将具有相同或类似事实、法律问题的案件合并在一起，由同一组人员进行审理和决定。行政复议申请合并审理能够合理利用人力资源，提高办案效率和质量，加强对同类行政复议案件的合并审理，是当今办理行政复议案件的一大趋势。一方面在当前行政复议机关（特别基层）行政复议人员相对紧缺状况下，合并通过整合人力资源、减少工作环节、避免重复调查和重复审理等方式，提高审理效率，保障当事人权益，同时也有利于节省司法资源，减少复议机关的工作负担；另一方面能够使行政复议机构在不影响案件办理质量的情况下简化程序，提高行政复议的效率。此外，对相关的行政复议申请合并审理，统一了复议机关的审理标准和裁判思路，避免了对同样问题作出不适当的或者相互矛盾的复议决定，实现同案同判，达到"办理典型一案，促进解决一片"的效果，这对于维护司法公正和保证当事人的合法权益非常重要。

行政复议机关恰当的合并审理，能够提高效率、统一裁判标准，提升复议机关权威性和公信力，有助于更好地为当事人提供公正、高效的复议服务。当然，合并审理案件并不意味着简单地合并案件的数量，而是要求复议机关严格依法审理，确保案件审理的公正性和准确性。此外，对于被合并的案件，复议机关应当保证当事人的合法权益，避免由于合并审理造成不必要的延误和影响。

案例十八　某厂不服某县自然资源局行政处罚案

申 请 人　某厂

被申请人　某县自然资源局

关键词

环境保护　营商环境　企业合规

审理要旨

1. 行政复议机关审理复议案件，以法律、法规、规章以及作出行政行为机关的上级行政机关依法制定和发布的具有普遍约束力的规范性文件为依据。

2. 行政机关所作出的行政行为是否符合相应的合法性标准，即需要"事实清楚，证据确凿，适用依据正确，程序合法，内容适当"。

基本案情

某厂不服某县自然资源局作出的行政处罚决定，提起行政复议申请，请求依法撤销某县自然资源局作出的行政处罚决定书。

2021 年 4 月 6 日，某县某某镇人民政府与某厂签订《招商引资协议》，约定某县人民政府落实相关优惠政策，并协助某厂在某县某某镇投资项目建设，各项建设必须符合相关法律法规及政策要求。2022 年 7 月 5 日，某县自然资源局工作人员在日常土地动态巡查时，发现某厂占用某某镇某村二组土地建设建筑石料加工厂。随后，某县自然资源局向某厂送达《责令停止违法行为通知书》，要求其立即停止违法行为。2022 年 7 月 22 日，某县自然资源局向某厂送达《责令改正违法行为通知书》，要求其在 7 日内拆除建筑物、构筑物及加工设备，恢复土地原状，逾期不改正的，将依法追究法律责任。后于 2022 年 9 月 19 日，某县自然资源局对某厂非法占用土地进行立案调查。2022 年 9 月 21 日向某厂负责人康某、经理林某进行了询问，其认可未办理用地手续，但该厂属于招商引资企业，其建设项目属于某县重点项目，要在 9 月底前完成设备建设，进行生产。某县自然资源局对某某镇人民政府镇长何某进行询问，其称某厂自行安装加工设备并未向镇政府报告，镇政府也并未要求其在规定时间内安装设备开工建设，并不知其违法修建行为。经查明，某厂在某某镇某村二组修建的建筑石料加工厂占地面积 881 平方米，其中包括 497 平方米采矿用地，384 平方米乔木林地。该地块属于限制建设区域，不符合土地利用总体规划。2022 年 10 月 20 日，某县自然资源局作出并送达《行政处罚听证告知书》《行政处罚告知书》，告知某厂有要求听证的权利，但其并未要求听证，也未进行陈述、申辩。某县自然资源局于 2022 年 10 月 25 日作出《行政处罚决定书》，并送达某厂。某厂缴纳了 88 100 元罚款。

焦点问题分析

本案的焦点问题包括：一是被申请人作出处罚决定，所依据的基本事实是否清楚，处罚是否正确；二是复议机关以法律、法规、规章以及普遍约束力的规范性文件为审查依据的问题。

（一）关于被申请人作出处罚决定，所依据的基本事实是否清楚，处罚是否正确的问题

《中华人民共和国土地管理法》第 3 条规定："……各级人民政府应当采取措施，全面规划，严格管理，保护、开发土地资源，制止非法占用土地的行为。"第 44 条第 1 款规定："建设占用土地，涉及农用地转为建设用地的，应当办理农用地转用审批手续。"第 77 条规定："未经批准或者采取欺骗手段骗取批准，非法占用土地的，由县级以上人民政府自然资源主管部门责令退还非法占用的土地，对违反土地利用总体规划擅自将农用地改为建设用地的，限期拆除在非法占用的土地上新建的建筑物和其他设施，恢复土地原状，对符合土地利用总体规划的，没收在非法占用的土地上新建的建筑物和其他设施，可以并处罚款……"依据前述法律规定，申请人违法占地建设是事实，且某县自然资源局多次要求其改正，依法应当对其进行处罚。因此申请人的行政复议理由不符合相关法律规定，依法不能成立。

（二）关于复议机关以法律、法规、规章以及普遍约束力的规范性文件为审查依据的问题

法律和法规是国家制定的具有普遍约束力的法律规范，对行政行为具有指导性和约束性作用。复议机关在审查案件时，必须依据相关法律和法规的规定进行评判，确保行政行为的合法性、合理性和公正性。规章是由各级行政机关依法制定并公布的具有普遍约束力的规范文件，它对行政行为的实施提供了具体的操作指导和约束范围。复议机关在审查案件时，需要参考相关规章的规定，确保行政行为是否符合规章的要求。普遍约束力的规范性文件对特定领域或地域的行政行为具有约束力。复议机关在审查案件时，需要考虑这些规范性文件的决定性作用，确保行政行为是否符合相关规范性文件的要求。某县自然资源局为严格落实的耕地保护硬措施，印发了《某县自然资源局关于实行自然资源动态巡查执法分片包抓责任制的通知》《某县自然资源局自然资源违法案件会审制度》等文件，复议机关以《中华人民共和国土地管理法》等法律以及该类规范性文件为依据，审查某县自然资源局作出的行政处罚决定，是为了维护行政行为的合法性、合理性和公正性，确保行政机关行使权力的规范性和合理性。

审理结果

复议机关认为被申请人作出的行政处罚决定书认定事实清楚、证据充分、量罚适当、适用依据正确、程序合法、内容适当，维持被申请人作出的行政处罚决定书。

典型意义

在现代社会，绿色发展理念已经被广泛提倡和应用，人们越来越意识到保护环境的重要性。党的十八大以来，习近平总书记曾多次指出绿水青山就是金山银山，改善生态环境就是发展生产力。并且，2018 年生态文明入宪，将保护环境和促进可持续发展的原则和要求纳入国家的最高法律文件中。这要求我们进一步认识到生态环境对于社会稳定和经济发展的重要性，良好生态本身蕴含着无穷的经济价值，在实际的发展过程中，需要坚持绿水青山就

是金山银山的发展理念，既注重经济效益的提升，也要充分考虑环境保护和可持续发展的要求，实现经济、社会和环境的协同发展，推动经济可持续增长和生态文明建设。只有形成广泛的环境保护意识，在日常生活中主动维护生态环境，这样才能真正实现绿色发展，为后代子孙留下更好的生态环境和资源基础，让人们的生活更加美好和幸福。

因此，任何个人和组织都不得擅自或者变相占用限制建设区域的土地，特别对耕地、林地等的非法占用，会造成土地资源的浪费和毁坏，侵害生态环境，在社会上造成恶劣影响。即便是通过招商引资政策在特定区域开展项目建设的，也必须在建设中遵循相关法律法规及政策要求，在建设项目时应制定可持续发展规划，将生态保护纳入规划考虑，合理规划土地利用、交通网络、排污系统等基础设施，减少对生态环境的影响。对于已经受到破坏的生态环境，应采取相应措施进行修复和恢复。例如，通过植被恢复、湿地恢复等方式，修复受损的生态系统。生态文明入宪进一步明确政府了在环境保护和可持续发展方面的职责和义务，一方面，政府有义务采取切实有效的措施来保护环境，加强生态建设；另一方面，基于生态环境保护法律地位的提升，政府需要加大对环境违法行为的打击力度，保护生态环境。某县通过自然资源局积极履行监督巡查责任，主动作为，对非法占用土地行为做到及时发现、坚决制止，有效地保护了环境，规范了企业行为，值得借鉴。自然资源保护部门要强化底线思维，增强危机意识，充分认识环境保护的重要性，要坚持以人民为中心，按照有关要求，采取各种措施保护环境，筑牢生态安全屏障，促进可持续发展，以实现经济发展和生态环境的良性互动。

案例十九　某公司不服某县水利局行政处罚案

申 请 人　某公司

被申请人　某县水利局

关键词

程序性权利　程序违法　告知义务

审理要旨

《中华人民共和国行政处罚法》对行政处罚决定程序作了明确规定，行政处罚主体在行政处罚实施过程中必须依照法定的程序、法定的形式进行。行政机关未依法履行告知程序，侵害当事人陈述权、申辩权行使时，构成程序违法。

基本案情

2021年7月26日，某县水利局对某公司未在限期内编制水土保持方案立案查处。经调查认定，某公司所涉建设项目占地13.6亩，未依法编制水土保持方案报告表，也未缴纳水土保持补偿费。某县水利局向某公司发出《责令停止违法行为通知书》《限期改正水土保持违法行为通知书》，责令某公司停止违法行为，限3日内到某县水利局处接受处理，并于2021年10月16日前编报水土保持方案。2021年9月23日，某县水利局向某公司发出《水行政处罚事先告知书》，告知某公司未编制水土保持报表，拟罚款5万元，同时限其2021年10月16日前编报水土保持方案，并足额缴纳水土保持补偿费。2021年11月1日，某县水利局对某公司作出《水行政处罚决定书》，决定罚款5万元，并编制水土保持方案报告表，足额缴纳水土保持补偿费。

另查明，某公司涉案建设项目于2020年4月开工，2020年12月竣工。2021年11月1日，某公司取得涉案建设项目水土保持方案报告表的批复。2021年11月2日，某公司缴纳了水土保持补偿费22 666.1元。完成相关手续后，某公司向某县水利局提交了水土保持方案批复及水土保持补偿费缴纳票据。

焦点问题分析

本案的焦点问题在于被申请人是否存在违反法定程序的情形？

《中华人民共和国行政处罚法》第44条规定："行政机关在作出行政处罚决定之前，应当告知当事人拟作出的行政处罚内容及事实、理由、依据，并告知当事人依法享有的陈述、申辩、要求听证等权利。"

保障当事人的陈述和申辩权利是确保行政机关行使权力的合法性、正当性基础。行政机关在作出决策或采取行动之前，应当听取当事人的陈述、申辩意见，充分了解事实和情况。当事人的陈述和申辩为行政机关提供了更全面、客观的信息和观点，使其对处罚决定有清晰的认识，避免信息不对称，有利于行政机关作出公正、准确的决策。同时，当事人有权利进行申辩，也能有效地维护自身的合法权益。本案中，被申请人在限期改正期限内即送达处罚告知书，实质上变相剥夺了申请人的权利，不符合法定程序。

《中华人民共和国水土保持法》第53条规定："违反本法规定，有下列行为之一的，由县级以上人民政府水行政主管部门责令停止违法行为，限期补办手续；逾期不补办手续的，处五万元以上五十万元以下的罚款；对生产建设单位直接负责的主管人员和其他直接责任人员依法给予处分……"说明当生产建设单位"逾期不补办手续"时，才能作出罚款等处罚决定。被申请人直接罚款的行为违反该规定，程序违法。

审理结果

复议机关经审查，作出了撤销某县水利局作出的《水行政处罚决定书》。首先，涉案建设项目位于某县水土流失重点防治区范围内，某公司在动工建设前应依法编制水土保持方案及完成报批手续而未完成，其行为确属违法。其次，关于建设项目占地面积的认定。建设项目占地面积是认定建设单位应否编制水土保持方案、编制水土保持方案报表还是报告以及水土保持补偿费缴纳数额的基础。本案中，某县水利局仅依据某公司经理李某的陈述认定涉案建设项目占地面积为13.6亩，但该公司提交的水土保持方案报告表载明项目占地面积为 1.3333 公顷（19.9995 亩），某县水利局对建设项目实际占地面积认定不清。最后，某县水利局违反了《中华人民共和国水土保持法》第53条之规定，程序违法。

典型意义

程序本位主义理论是人类追求公平正义理想的一个飞跃，将法律程序的正当性、合理性视为与实践裁判结果的公正性具有同等意义的价值目标，强调法律实施过程要符合正义的要求，提醒人们在重视裁判结果公正的同时，还要确保法律实施过程的公正性。法律程序一是确保了公正和平等的原则得到充分尊重和实施。在法律程序中，每个人都有平等的权利和机会进行申辩、陈述和证明自己的观点和理由。二是法律程序为保护个人权益提供了有效的途径。通过法律程序，个人可以寻求法律救济和维护自己的合法权益。法律程序确保了权益的平等和公正的评判，防止滥用权力和侵犯个人的权利。三是法律程序是构建法治社会的基础。通过严格遵循法律程序，确保法律的权威性和可信度，增加公众对法律的信任和遵守。法律程序的正当性和公正性是社会秩序和稳定的保障，促进社会的和谐发展。总之，法律程序是保障公正和平等的重要手段，也是构建法治社会的基础，它体现了法治原则和价值观，保护了个人权益，促进了社会的发展和稳定。因此，我们应当充分重视法律程序的内在价值和意义，确保其得到有效遵守和实施。

行政程序作为规范行政权，体现法治形式合理性的行为过程，是实现行政法治的重要前提，而行政程序发达与否，是衡量一个国家行政法治程度的重要标志。在弘扬程序正义的今天，行政程序合法应该引起我们足够的重视。行政程序合法，一方面为实现实体规则提供了具体的可操作性规则，有利于提高行政效率；另一方面能有效控制政府行政权力，保障公民的权利和自由。因此，行政机关在作出行政处罚时，应牢固树立程序公正和权利保障意识，切实维护公民、法人和其他组织所享有的程序性及实体性权利。

案例二十　某置业有限公司不服某市建设工程质量安全
监督中心站行政处罚案

申 请 人　某置业有限公司
被申请人　某市建设工程质量安全监督中心站

关键词

行政处罚　听证告知　主体资格

审理要旨

行政机关作出没收较大数额涉案财产的行政处罚决定时，未告知当事人有要求举行听证的权利或者未依法举行听证的，应当依法认定该行政处罚违反法定程序。

基本案情

申请人不服被申请人作出的《行政处罚决定书》，向复议机关申请行政复议，请求撤销该行政处罚决定。

申请人认为：案涉行政处罚行为剥夺了其陈述申辩权利，未向其送达任何关于行政处罚及听证的告知文书，未开展相关的听证，程序严重违法。同时处罚决定认定申请人"未组织竣工验收交付使用"属事实认定错误、法律适用错误。

被申请人认为：申请人建设项目交房时间早于竣工验收时间，且竣工验收未通过，该行为违反了《陕西省建设工程质量和安全生产管理条例》第19条规定，违法事实清楚，证据充分。依据《陕西省建设工程质量和安全生产管理条例》第66条规定作出行政处罚，符合法律规定。

行政复议机关经审理查明：申请人开发建设了某商住楼、商铺及地下车库项目。2021年2月2日，申请人组织勘察单位、设计单位、监理单位和施工单位进行工程竣工验收，因楼顶部分有加层现象，与设计图纸不符，设计单位不同意通过竣工验收，被申请人要求建设单位拆除加层部分后，重新组织竣工验收。后该项目未重新组织竣工验收，而是由申请人将拆除楼顶加层部分后整改到位的照片发给了设计单位，设计单位作出了验收合格的意见，2021年3月19日出具了由上述"五大责任主体"分别加盖法人公章及负责人签字的《验收报告》。该项目房屋陆续交付使用。

2021年7月21日至22日被申请人对某商住楼、商铺及地下车库项目可能存在未组织竣工验收交付使用的案件进行了调查，7月22日向申请人送达了《行政处罚事先告知书》，告知了拟处罚内容以及进行陈述、申辩的权利。申请人委托该项目负责人李某某处理相关事宜，并于2021年7月28日向被申请人提交了申诉书。被申请人于2021年12月14日对涉案项目进行了复查并发出告知书，要求申请人尽快拆除加层部分，重新组织竣工验收，以便后期办理备案及不动产权证。同日，被申请人作出《行政处罚决定书》，告知了申请人有申请复议或提起诉讼的权利并送达申请人。

焦点问题分析

本案的焦点问题包括：一是某市建设工程质量安全监督中心站是否属于适格主体？二是申请人是否有权要求听证？

（一）关于某市建设工程质量安全监督中心站是否属于适格主体的问题

本案中，申请人复议的是某市建设工程质量安全监督中心站作出的行政处罚行为，某市建设工程质量安全监督中心站行使职权属于行政授权还是行政委托，其是否能够独立承担责任需要进行说明。行政授权是上级行政机关或行政首长授予下级行政机关或公务人员管理有关事务的职权。被授权者在所授职权范围内，有处理有关事务的自主权，同时也承担相应的责任。行政委托是行政机关在其职权职责范围内依法将其行政职权或行政事项委托给有关行政机关、社会组织或者个人，受委托者以委托机关的名义实施管理行为和行使职权，并由委托机关承担法律责任。《陕西省建设工程质量和安全生产管理条例》第4条规定："县级以上人民政府住房城乡建设行政主管部门对行政区域内建设工程质量和安全生产实施监督管理，其所属的建设工程质量安全监督机构负责具体监督管理工作。"被申请人负责基于上级授权对所属行政区域内建设工程质量和安全生产实施具体监督管理工作，对申请人涉嫌的违法行为进行查处，主体适格，职权法定。

（二）申请人是否有权要求听证

根据《中华人民共和国行政处罚法》第 44 条、第 63 条的规定，对于较大数额罚款，行政机关在作出处罚决定前，应当告知当事人有要求听证的权利。当事人要求听证的，行政机关应当组织听证。听证是当事人行使自己权利的一种方式，通过参与听证，当事人有机会陈述自己的观点、辩护自己的权益，提供证据来支持自己的主张。行政机关保障听证权，能够有效地保护当事人的合法权益，确保当事人在行政处罚过程中获得公正对待。本案中，被申请人作出处以 130 万元罚款的决定系对申请人权利产生重大不利影响的行政决定，被申请人在作出决定之前应当告知申请人有要求举行听证的权利。虽然被申请人答复称在调查取证时，已向建设单位项目负责人口头告知了听证的权利，申请人未提出听证申请，故未组织听证。但未有任何证据能证明被申请人告知了申请人此项权利，违反了法律规定，存在重大程序违法情形。同时对涉案标的也仅有一人的证言予以证实，未有其他证据予以印证或佐证，事实不清。

审理结果

本案中罚款数额较大，被申请人作出的《行政处罚事先告知书》仅仅告知了申请人享有陈述、申辩的权利，未告知其有要求听证的权利，该行为严重减损了申请人的权利，程序违法。被申请人作出的《行政处罚决定书》违反法定程序，决定予以撤销，责令被申请人重新作出行政行为。

典型意义

行政程序本身具有参与、协商、沟通、对话、引导等独立价值，设计程序性制度的目的在于通过保障相对人程序性权利促进案件实体公正。听证作为行政程序的核心机制，将诉讼程序中的抗辩机制移植到了行政程序中，以此来证成行政权运作的正当性。听证程序为当事人提供了平等的参与机会，确保他们的权益得到充分保障。当事人可以就自己的权益和利益进行陈述和辩论，防止他们受到不公正对待。通过听证程序，决策者可以听取各方的意见和证据，从多个角度了解案件的相关情况，这有助于减少主观偏见和错误的决策，提高决策的质量和可靠性。总体上，听证程序体现了法治原则，要求决策者以事实和证据为依据，依法作出决策，有助于维护社会的公正和稳定。

根据《中华人民共和国行政处罚法》的规定，行政机关在作出涉及公民法人或者其他组织利益的重大处罚决定之前，应当充分听取其意见，这类处罚决定涉及的案件类型往往较为复杂，易出现偏误。而听证环节则由行政机关指定的非本案调查人员主持，剔除了前期调查人员可能的主观偏见，可以让公众了解并参与重大处罚决策的过程，加强决策的合法性和透明度，增强公众对行政决策的信任，减少腐败和滥用职权的风险，有利于提升行政处罚的公正性。通过听证程序，当事人有机会陈述自己的观点、申辩自己的权益，有利于防止执法人员主观臆断，有助于行政机关查明案件事实，正确适用法律，确保行政处罚不会过于武断或偏袒，减少和预防行政执法错误，提高行政执法效率，尊重并保护当事人的合法权益。只有实体正义和程序正义同步实现的行政处罚，才是公平、公正、合法的，才能达到制约公权力、保障私权利、维护公共利益和社会秩序的正当目的。

案例二十一　某某不服某县自然资源局行政处罚案

申　请　人　某某

被申请人　某县自然资源局

关键词

责令限期拆除　违法建筑　临时建筑　占用　共有部分

审理要旨

临时建筑是指单位和个人因生产、生活需要临时建造使用，而搭建的结构简易并在规定期限内必须拆除的建筑物、构筑物或其他设施。擅自在小区设立的售水机不属于临时建筑，属于擅自占用或者故意毁损共有部分、共用设施设备。

基本案情

2021 年 8 月，申请人某某在某县某小区内自家商铺南门口（商铺后门，后门在小区内）未经审批擅自设立制水机，该小区物业接到业主投诉后，多次口头劝告其挪至铺内或者拆除，没有结果，后投诉反映到住建局。2021 年 9 月 18 日，被申请人收到住建局关于某小区业主私自设置制水机转办函后，进行现场调查后作出责令其限期拆除的行政处罚决定。申请人某某不服这一处罚决定，遂复议至某县人民政府。

焦点问题分析

本案焦点问题在于，该制水机是否属于违法建筑。

首先，为了查清案件事实，复议机关查看现场，向相关人员调查取证，依法认定事实。其次，在事实清楚基础上，召开某县政府行政复议咨询委员会会议。咨询组专家就争议问题作出回复：临时建筑是指单位和个人因生产、生活需要临时建造使用，而搭建的结构简易并在规定期限内必须拆除的建筑物、构筑物或其他设施。比如：铁皮房、油毡房、窝棚、遮阳棚、房顶棚屋、棚架、工棚、菜农、果农搭建的临时棚屋等。所以制水机不属于临时建筑。执法机关适用《中华人民共和国城乡规划法》进行处罚，适用法律依据错误。应适用《陕西省物业服务管理条例》第78条第1款第2项、第107条第2项规定。

《陕西省物业服务管理条例》第78条规定，物业服务区域内不得有下列行为：擅自占用或者故意毁损共有部分、共用设施设备，擅自移动共用设施设备；发现有上述行为的，业主有权投诉、举报。物业服务人、业主委员会或者物业管理委员会应当劝阻、制止。劝阻、制止无效的，应当及时报告有关部门，有关部门应当依法及时处理。《陕西省物业服务管理条例》第107条规定，物业服务区域内有下列行为之一的，由有关部门按照下列规定予以查处：违反本条例第78条第1款第2项规定的，由县级以上住房和城乡建设主管部门给予警告并责令限期改正；擅自占用或者故意毁损共有部分、共用设施设备的，对单位处5万元以上20万元以下罚款；对个人处1000元以上1万元以下罚款；有违法所得的，责令退还违法所得。

办案人员集体讨论之后，参考咨询意见作出最终复议决定。最终以被申请人适用法律依据错误撤销了被申请人作出的行政处罚决定。

审理结果

撤销被申请人作出的行政处罚决定书，责令被申请人依法重新调查处理。

典型意义

为了构建党建引领社区治理框架下的物业服务管理体系，促进和谐社区建设，规范物业服务管理活动，维护业主和物业服务人的合法权益，根据《中华人民共和国民法典》《物业管理条例》等有关法律、行政法规，陕西省人大常委会会议表决通过了新修订的《陕西省物业服务管理条例》。该条例制定于2000年，经过2004年修正、2008年和2021年两次修订，适用于陕西省行政区域内的物业服务管理及其监督管理活动。本案当中执法机关对违法行为的性质认定错误，进而适用《中华人民共和国城乡规划法》进行处罚属于适用法律依据错误，应适用《陕西省物业服务管理条例》。

为深化行政复议体制改革，进一步提高办案质量，推动行政复议工作不断创新发展，县人民政府成立行政复议委员会。行政复议委员会缓解了行政复议体制改革后案件大幅增长、办案力量不足的问题。行政复议委员会由法学理论、法律实务等方面的专家学者担任，在审理行政复议案件的过程提供咨询意见，充分发挥专业优势为行政复议案件的依法、正确办理保驾护航，大大提高了行政复议案件办理效率和质量。行政复议委员会的成立对于强化政府自我纠错、倒逼政府依法行政、推动行政复议工作不断发展、助推法治政府建设有着重要意义。

案例二十二　某公司不服某市城市管理执法局行政处罚案

申　请　人　某公司

被申请人　某市城市管理执法局

关键词

城乡规划　限期拆除　违法建筑　依法行政

审理要旨

根据《中华人民共和国城乡规划法》第40条的规定，在城市、镇规划区内进行建筑物、构筑物、道路、管线和其他工程建设的，建设单位或者个人应当向城市、县人民政府城乡规划主管部门或者省、自治区、直辖市人民政府确定的镇人民政府申请办理建设工程规划许可证。违反《中华人民共和国城乡规划法》第40条第1款的建设行为，执法机关应当根据《中华人民共和国城乡规划法》第64条的规定予以处理，即未取得建设工程规划许可证或者未按照建设工程规划许可证的规定进行建设的，由县级以上地方人民政府城乡规划主管部门责令停止建设；尚可采取改正措施消除对规划实施的影响的，限期改正，处建设工程造价5%以上10%以下的罚款；无法采取改正措施消除影响的，限期拆除，不能拆除的，没收实物或者违法收入，可以并处建设工程造价10%以下的罚款。

依法实施城乡规划行政处罚的部门对违反《中华人民共和国城乡规划法》第40条第1款的建设行为实施行政处罚时，应当依据住房和城乡建设部《关于规范城乡规划行政处罚裁量权的指导意见》第4条规定，判断违法建设行为是否具有尚可采取改正措施消除对规划实施影响的情形。根据《关于规范城乡规划行政处罚裁量权的指导意见》第4条的规定，未取得建设工程规划许可证，亦未取得城乡规划主管部门的建设工程设计方案审查文件即开工建设的行为，属于无法采取改正措施消除对规划实施影响的情形，应当根据《中华人民共和国城乡规划法》第64条的规定责令其限期拆除，不能拆除的，没收实物或者违法收入，可以并处建设工程造价 10% 以下的罚款。

基本案情

申请人请求：撤销被申请人作出的《限期拆除决定书》。

申请人称：被申请人于 2022 年 4 月 29 日作出《限期拆除决定书》，责令申请人拆除某市高新区永昌路与平安路西北角建设的建筑物。申请人认为被申请人作出的限期拆除决定的拆除范围不明确，案涉土地上的建筑物，部分办理了建设工程规划许可证，部分没有办理，被申请人未经全面调查，就认定所有建筑物均未办理建设工程规划许可证，故被申请人作出的行政行为违法，请求复议机关撤销被申请人作出的《限期拆除决定书》。

被申请人称：2022 年 4 月 29 日，被申请人作出要求申请人限期拆除某市高新区永昌路与平安路西北角其所建设的建筑物的决定书，并于 2022 年 5 月 6 日向申请人送达。经被申请人调查，申请人仅于 2015 年 6 月办理了国有土地使用权证，但至今未办理建设工程规划许可证。依照现场勘察情况，涉案房屋已建成，不属于住房和城乡建设部 2012 年 6 月下发的《关于规范城乡规划行政处罚裁量权的指导意见》第 4 条规定的属于尚可采取改正措施消除对规划实施影响的情形。因此，依据《中华人民共和国城乡规划法》第 40 条，申请人在某市高新区永昌路与平安路西北角的全部建筑均为违章建筑，不存在申请人所称"限期拆除房屋的房屋不明确"的情况。由此，被申请人按照《中华人民共和国城乡规划法》第 64 条作出限期拆除决定书含义明确，依据充分。

焦点问题分析

本案争议的焦点问题在于，被申请人作出的《限期拆除决定书》是否合法。

根据《中华人民共和国城乡规划法》第 40 条第 1 款和第 64 条的规定，在城市、镇规划区内进行建筑物、构筑物、道路、管线和其他工程建设的，建设单位或者个人应当向城市、县人民政府城乡规划主管部门或者省、自治区、直辖市人民政府确定的镇人民政府申请办理建设工程规划许可证；未取得建设工程规划许可证或者未按照建设工程规划许可证的规定进行建设的，由县级以上地方人民政府城乡规划主管部门责令停止建设；尚可采取改正措施消除对规划实施的影响的，限期改正，处建设工程造价5%以上10%以下的罚款；无法采取改正措施消除影响的，限期拆除，不能拆除的，没收实物或者违法收入，可以并处建设工程造价10%以下的罚款。本案中，被申请人经依法调查，确认申请人在案涉土地上所建的建筑物均未办理建设工程规划许可证，且不属于住房和城乡建设部《关于规范城乡规划行政处罚裁量权的指导意见》第4条规定的尚可采取改正措施消除对规划实施影响的情形。申请人虽提出案涉土地上的部分建筑物办理过建设工程规划许可证，但不能提供相应证据予以证明，故申请人的意见复议机关不予支持。被申请人在办案过程中，先后对申请人作出《立案通知书》《责令停止（改正）违法行为通知书》《调查询问通知书》，对涉案地块及地上建筑物进行了现场勘验，勘验后又向申请人作出《限期拆除告知书》，告知了申请人享有的陈述权和申辩权，并依据《中华人民共和国城乡规划法》第64条的规定作出《限期拆除决定书》送达申请人，故被申请人作出《限期拆除决定书》认定事实清楚，证据确凿，程序合法，适用法律正确。

审理结果

维持被申请人某市城市管理执法局作出的《限期拆除决定书》。

典型意义

随着我国新型城镇化的推进，城乡规划在引领城乡建设、促进城镇化健康发展中发挥了越来越重要的作用。企业应当自觉遵守《中华人民共和国城乡规划法》等法律法规的规定，在开工建设前依法办理规划建设审批手续。对违反《中华人民共和国城乡规划法》的建设行为，行政机关应当及时依法查处，维护城市规划的权威性。在查处违法建筑的过程中，行政机关应当依据《关于规范城乡规划行政处罚裁量权的指导意见》第4条规定对违法建筑物的性质进行调查，不能笼统地适用城乡规划法予以简单处理。本案中，被申请人通过对违法建筑的性质认定，明确了所应适用的法律依据，并严格依照法定程序进行了查处，为行政机关依法行政、规范城乡规划行政管理提供了较好的借鉴意义。

二、行政强制执行

案例二十三　某医药连锁有限公司不服某市某区市场监督管理局行政决定案

申 请 人　某医药连锁有限公司

被申请人　某市某区市场监督管理局

关键词

罚款　加处罚款　延期缴纳　强制执行　行政程序

审理要旨

1. 根据《中华人民共和国行政处罚法》第 66 条第 2 款规定，当事人确有经济困难，需要延期或者分期缴纳罚款的，经当事人申请和行政机关批准，可以暂缓或者分期缴纳。履行处罚决定经济上有困难的，当事人可以在申请且经过行政机关批准之后，暂缓或者分期缴纳。

2. 根据《中华人民共和国行政强制法》第 53 条规定，当事人在法定期限内不申请行政复议或者提起行政诉讼，又不履行行政决定的，没有行政强制执行权的行政机关可以自期限届满之日起 3 个月内，依照规定申请人民法院强制执行。

基本案情

2020 年，申请人某医药连锁有限公司在疫情防控期间哄抬价格销售口罩，经被申请人调查核实后依法作出《行政处罚决定书》，内容为："一、责令改正价格违法行为；二、处以罚款 150 000 元。当事人自收到本处罚决定书之日起 15 日内，到某银行缴纳罚款。到期不缴纳、当事人逾期不履行行政处罚决定的，依据当时的《中华人民共和国行政处罚法》第五十一条第（一）（三）项的规定，将依法采取下列措施：（一）到期不缴纳罚款的，每日按罚款数额的百分之三加处罚款；（三）申请人民法院强制执行。"并于 2021 年 6 月 9 日进行了送达。申请人收到《行政处罚决定书》后，于 2021 年 6 月 15 日提交了延期缴纳罚款申请书，请求延期 5 个月（2021 年 11 月 30 日之前）缴纳罚款。被申请人于 2021 年 6 月 21 日作出《延期缴纳罚款通知书》，并于 2021 年 6 月 22 日向申请人送达。

截至 2021 年 11 月 30 日该公司仍未履行《行政处罚决定书》。被申请人于 2021 年 12 月 1 日作出了《行政处罚决定履行催告书》，并于当日送达申请人。被申请人于 2022 年 3 月 25 日向某市某区人民法院提交强制执行申请书，申请强制执行某医药连锁有限公司未依法履行的《行政处罚决定书》罚款 150 000 元的处罚内容。某市某区人民法院于 2022 年 4 月 25 日作出《行政裁定书》，裁定对申请人作出的《行政处罚决定书》第 2 项内容准予强制执行。2022 年 6 月 1 日，申请人将罚款 150 000 元交至某市某区人民法院。

2022 年 6 月 13 日，被申请人又作出《加处罚款决定书》，决定对申请人加处罚款 150 000 元，并于当天送达申请人。申请人对被申请人作出的《加处罚款决定书》不服，遂申请行政复议。

焦点问题分析

本案的争议焦点在于：被申请人申请人民法院强制执行申请人缴纳行政处罚罚款后，被申请人又作出加处罚款决定是否合法？

《中华人民共和国价格法》第 33 条规定，县级以上各级人民政府价格主管部门，依法对价格活动进行监督检查，并依照本法的规定对价格违法行为实施行政处罚。据此被申请人具有对本行政区域价格活动进行监督检查的法定职责。本案中，申请人在疫情期间口罩销售价格过高的行为属于《中华人民共和国价格法》第 14 条第 3 项"捏造、散布涨价信息，哄抬价格，推动商品价格过高上涨的"所列的哄抬价格的违法行为。被申请人依据《价格违法行为行政处罚规定》第 6 条第 1 款，即"经营者违反价格法第十四条的规定，有下列推动商品价格过快、过高上涨行为之一的，责令改正，没收违法所得，并处违法所得 5 倍以下的罚款；没有违法所得的，处 5 万元以上 50 万元以下的罚款，情节较重的处 50 万元以上 300 万元以下的罚款；情节严重的，责令停业整顿，或者由工商行政管理机关吊销营业执照；……（三）利用其他手段哄抬价格，推动商品价格过快、过高上涨的"对申请人作出责令改正价格违法行为、处以罚款 150 000 元的行政处罚决定于法有据，同时在《行政处罚决定书》中告知申请人到期不缴纳罚款的、每日按罚款数额的 3% 加处罚款亦符合《中华人民共和国行政处罚法》的规定。申请人应当按照《行政处罚决定书》的要求依法缴纳罚款，但申请人经过延期、催告后仍未缴纳罚款，被申请人可申请强制执行。被申请人在强制执行阶段并未就加处罚款一并申请执行，而是在基础处罚已经由人民法院强制执行后，再次作出加处罚款的决定，其不符合《中华人民共和国行政强制法》的立法精神，加处罚款的立法目的在于督促相对人履行行政处罚决定，是一种督促手段。被申请人在申请人已经履行了行政处罚决定后再次作出《加处罚款决定书》，与行政强制法程序规定不符，应予以撤销。

审理结果

行政复议机关决定撤销被申请人某市某区市场监督管理局于 2022 年 6 月 13 日作出的《加处罚款决定书》。

典型意义

在特殊时期，某些经营者利用消费者对防疫用品和民生商品的需求大且供不应求时哄抬物价，必须采取措施加以遏制。本案中申请人在疫情期间哄抬口罩价格，被市场监管部门予以处罚，应当按照《行政处罚决定书》的要求依法缴纳罚款。申请人在履行处罚决定时申请延期缴纳罚款，得到了行政机关批准。这体现了人性执法，增加执法中的温度，减轻了经营者的负担，有利于建设和谐社会，有助于发展市场经济，有益于形成良好的营商环境。

行政机关作出行政处罚决定后，被处罚人既不申请复议，又不提起诉讼，逾期不履行行政处罚决定的，作出行政处罚决定的行政机关可以依据《中华人民共和国行政处罚法》加处罚款，并申请人民法院强制执行。一般情况下，行政处罚中的罚款和加处的罚款应一并申请人民法院强制执行，这样才能体现处罚的惩戒性和强制执行的督促作用。加处罚款以原有"罚款"存在为前提。

行政行为的合法不仅要求实体合法，更要求程序合法。法定程序和正当程序是依法行政的基本要求。阳光合法有序的行政程序有助于节约司法资源。习近平总书记强调，建设法治政府，必须"为行政权力定规矩、划界限"，"把权力关进制度的笼子里"。这个"规矩""界限""笼子"，最重要的构成要素就是行政程序法治。行政程序法治对于推进依法行政、建设法治政府，对于推进国家治理体系和治理能力现代化，能够发挥关键作用。

案例二十四　某公司不服某市人民政府作出的《搬离通知》案

申 请 人　某公司

被申请人　某市人民政府

关键词

临时机构　行政主体　行政授权　行政委托

审理要旨

1. 行政主体资格是行政法理论与实践中的重要问题，是行政主体承担责任的基础。行政机关和依法律法规授权的组织，可以自己名义作出行政行为并承担法律后果，二者构成了狭义行政主体。但在实际工作中，一些临时机构在部分事项上履行着行政管理职责，如管委会、领导小组办公室或具体事项的临时机构等。临时机构通常不能申领组织机构代码，也不另增编制和职位设置。除法律法规规章明确授权外，其权限来源主要是基于政府的委托，其在对内对外活动和承担责任方面受到很大限制，尽管赋予其一定行政管理职能，但不具有独立承担法律责任的能力，尽管是以自己名义作出行政行为，但应由组建该机构的行政机关作为被告。若是临时机构被撤销，由继续行使其职权的行政机关或撤销主体来承担相应的法律责任。

2. 行政复议机关审查行政主体，主要是通过辨析受委托组织与委托机关之间的关系，厘清职权职责范围，对于临时机构所实施的行为，要准确定位，严格审查，果断决定。

基本案情

某工业园成立于 1993 年，申请人在 1996 年至 1999 年间通过招商进驻该工业园，均与某市某区某街道办事处签订了土地转让合同，办理了过户手续，确定了 50 年的土地使用权，并且已经全部支付土地使用费。之后申请人在该土地上修建了房屋与厂房进行经营。2021 年 8 月 24 日，某文化 CBD 核心区和某建设征迁工作指挥部发布《致某工业园园区企业的一封信》，要求各企业于 2021 年 8 月 31 日前完成搬离。2021 年 8 月 28 日，该指挥部又作出《搬离通知》，再次要求某工业园园区各经营户于 2021 年 8 月 31 日完成搬离。

申请人认为：①被申请人完全无视《国有土地上房屋征收与补偿条例》关于国有土地上房屋征收的条件和程序，严重侵犯申请人的合法权益，程序严重违法。②在未对申请人补偿安置的情况下，直接要求申请人限期搬离违反了《国有土地上房屋征收与补偿条例》规定的"先补偿后搬迁"。③《搬离通知》未经直接送达，不符合行政行为送达的规定，送达程序严重违法。故被申请人作出的行政行为在程序及实体上均违法，严重侵害了申请人的合法权益。

被申请人称：①《搬离通知》是一个行政程序尚未实施的不成熟的行政行为，是该拆迁区域内普遍适用的告知行为，并未对权利人造成实际损害，依法不属于行政复议受案范围。②案涉征收行为的实施主体是某街道办事处，某街道办事处属于某市某区人民政府的派出机关，法律后果应当某区人民政府予以承担，故被申请人并非本案适格被申请人，应当驳回申请人申请。③申请人所涉地块已经征收完成，未侵犯申请人的任何权益，至于申请人称违反先补偿后搬迁的原则更无事实依据。另外，相关部门正与商户洽谈补偿事宜，并未实施任何拆除行为，没有违反"先补偿后搬迁"的原则。2021 年 8 月 28 日，某市某新区建设工作领导小组办公室发布《搬离通知》，告知包含申请人在内的工业园经营户，须于 8 月 31 日前完成搬离。逾期未搬离，妨碍、阻挠、拒绝执法的，公安机关将依据《中华人民共和国治安管理处罚法》处理。申请人不服，提起行政复议申请。

焦点问题分析

本案焦点问题在于，被申请人设立的临时机构管理公共管理事务的行为应如何定性？

临时机构是否具有行政主体资格，这也是司法实践中经常遇到的一个问题。判断某组织是否具有行政主体资格，一般从"名""权""责"三个角度进行考量。临时机构通常不能申领组织机构代码，也不另增编制和职位设置。

除法律法规规章明确授权外，其权限来源主要是基于政府的委托，其在对内对外活动和承担责任方面受到很大限制，例如在土地与房屋征收征用过程中，地方政府所成立的拆迁指挥部、城中村改造办公室等临时机构，尽管赋予其一定行政管理职能，但不具有独立承担法律责任的能力，尽管是以自己名义作出行政行为，但应由组建该机构的行政机关作为被告。若是临时机构被撤销，由继续行使其职权的行政机关或撤销主体来承担相应的法律责任。

本案中，某市某新区建设工作领导小组办公室是被申请人设立的临时机构，不属于行政法意义上的行政主体，不得就公共管理事务向行政相对人作出影响其权利义务的行为，其作出的《搬离通知》超越了职权。尽管赋予其一定行政管理职能，但不具有独立承担法律责任的能力，尽管是以自己名义作出行政行为，但应由组建该机构的行政机关也即某市政府作为适格行政主体。

审理结果

根据《中华人民共和国行政复议法》第28条第1款第3项的规定，行政复议机关决定撤销某市某新区建设工作领导小组办公室《搬离通知》。

典型意义

"权自法出、职权法定，法无授权不可为"是行政主体依法行政的基本要求。尤其是在征收土地、补偿安置等涉及行政相对人较多，公共利益重大的行政行为中，更要严格依法办事。习近平总书记强调，用法治给行政权力定规矩、划界限。行政机关应坚持依法行使公权力，坚决纠正不作为、乱作为现象。同时，坚持权责一致、权责相当。

行政主体资格适格是判断行政行为合法性的主体要件，也是权责一致原则具体落实的现实支撑。不论是法治政府建设还是行政执法三项制度，都对行政主体理论提出严格要求，尤其是要对新型主体资格作出合法合理判断。本案中，作出《搬离通知》的某新区建设工作领导小组办公室，不是法律规定的行政主体，却作出影响公民、法人和其他组织权益的行为，显然与法治政府建设的要求背道而驰。行政复议机关紧扣行政主体的特点和本质属性，准确评判了行为主体的法律地位，体现了行政复议监督行政行为，促进依法行政的重要功能。

案例二十五 黎某不服某市人民政府行政强制执行案

申 请 人 黎某

被申请人 某市人民政府

关键词

行政征收 集体土地 强制执行权

审理要旨

根据《国有土地上房屋征收与补偿条例》第 28 条的规定，被征收人在法定期限内不申请行政复议或者不提起行政诉讼，在补偿决定规定的期限内又不搬迁的，由作出房屋征收决定的市、县级人民政府依法申请人民法院强制执行。农村集体土地虽然已经依法征收，但在申请人未签订安置补偿协议、未自愿交出房屋的情况下，所在地人民政府应向人民法院申请强制执行。

基本案情

2019 年，某村集体土地已被征收为国有，补偿安置方案也已经依法批准。为实施征收，2021 年某市人民政府对申请人继承的房屋作出补偿结果通知书和征收补偿决定书。2021 年 5 月，某市人民政府作出强制拆除决定书，决定对申请人房屋实行强制拆除。申请人不服，向陕西省人民政府申请行政复议。

焦点问题分析

本案焦点问题在于，对已被依法征收的集体土地上房屋，当地人民政府是否有权决定强制拆除。

《中华人民共和国行政强制法》第 13 条第 2 款规定："法律没有规定行政机关强制执行的，作出行政决定的行政机关应当申请人民法院强制执行。"第 53 条规定："当事人在法定期限内不申请行政复议或者提起行政诉讼，又不履行行政决定的，没有行政强制执行权的行政机关可以自期限届满之日起三个月内，依照本章规定申请人民法院强制执行。"根据上述规定，虽然房屋所在集体土地已经依法征收，但是在申请人未签订安置补偿协议、自愿交出房屋的情况下，被申请人应向人民法院申请强制执行，现其作出强制拆除决定，超越法定职权。

审理结果

根据《中华人民共和国行政复议法》第 28 条第 1 款第 3 项之规定，行政复议机关决定：撤销某市人民政府作出的强制拆除决定书。

典型意义

国有土地上房屋的征收搬迁问题，涉及公共利益与公民私有财产保护的关系，需要直面房屋拆迁各方利益冲突，如何平衡好公共利益和私人财产利益是建设法治政府的重要课题。国务院制定的《国有土地上房屋征收与补偿条例》第 28 条第 1 款规定："被征收人在法定期限内不申请行政复议或者不提起行政诉讼，在补偿决定规定的期限内又不搬迁的，由作出房屋征收决定的市、县级人民政府依法申请人民法院强制执行。"该项规定把国有土地上房屋征收决定的强制执行权赋予了法院，避免行政机关对行政强制执行权的滥用。强制搬迁一直是房屋征收和拆迁工作中的重点和难点问题，也是保障公民合法权益的关键环节。为了确保被征收人的合法权益不受侵害，《国有土地上房屋征收与补偿条例》要求由政府申请法院强制执行，从而加强对基层政府征收补偿活动的规制，减少房屋征收与补偿工作中的冲突与矛盾。

职权法定是依法行政的重要内容之一，对行政机关来说，"法无授权不可为"。《中华人民共和国行政强制法》于 2011 年 6 月 30 日通过、2012 年 1 月 1 日施行，行政机关实施行政强制均应严格依照法律规定。根据《中华人民共和国行政强制法》的规定，我国现行的行政强制执行模式分为两种：一是由作出具体行政行为的行政机关自行强制执行；二是由行政机关申请法院予以强制执行。对于集体土地上的合法房屋，法律没有规定行政机关有强制拆除的职权，而是应当申请人民法院强制执行，行政机关自行作出强制拆除决定，已经超越法定职权，因此行政复议机关依法予以纠正。加强和提高社会治理，必须加快推进以保障和改善民生为重点的社会建设。社会治理的基本任务包括协调社会关系、规范社会行为、解决社会问题、化解社会矛盾、促进社会公正、应对社会风险、保持社会稳定等方面。全面建设社会主义现代化国家，必须推进多层次多领域依法治理，提升社会治理法治化水平。

案例二十六　何某不服某市人民政府行政强制执行案

申 请 人　何某

被申请人　某市人民政府

关键词

行政强制　违法建筑物　强制拆除　告知

审理要旨

行政强制行为一经实施，就会对行政相对人权利带来巨大的影响，如果缺乏严格的程序保障，就会不可避免地导致滥权和侵权。根据《中华人民共和国行政强制法》第44条、《中华人民共和国城乡规划法》第64条的规定，当建筑物、构筑物、设施等未取得建设工程规划许可证或者未按照建设工程规划许可证的规定进行建设的，主管部门在认定相关建筑物为违法建筑后，需要强制拆除的，应当由行政机关予以公告，限期当事人自行拆除。当事人在法定期限内不申请行政复议或者提起行政诉讼，又不拆除的，行政机关可以依法强制拆除。

基本案情

2011年5月26日，申请人与某房地产开发有限公司签订《房屋买卖合同》，购买位于某市的房屋。2021年3月12日，某办公室、某自然资源和规划局、某城市管理和综合执法局联合发布《关于某社区临街建构筑物拆除的通告》。该通告指出为进一步完善城市功能，改善人居环境，提升环境品质，就某社区临街建构筑物拆除工作作出通告。通告中明确拆除工作由上述三部门组织实施。3月20日至25日，在未达成补偿协议情况下，案涉房屋被强制拆除。

另查明，案涉被拆除房屋属于集体土地上房屋。

焦点问题分析

本案的焦点问题在于：一是某市人民政府作为被申请人是否符合法律规

定；二是被申请人强制拆除申请人房屋的行为是否违法。

（一）关于某市人民政府作为被申请人是否符合法律规定的问题

《关于某临街建构筑物拆除的通告》规定，某办公室、某自然资源和规划局、某城市管理和综合执法局为拆除工作组织实施部门。上述三部门均为某管委会下设部门，该管委会属于某市人民政府设立的派出机构。因此，本案中某市人民政府作为被申请人符合法律规定。

（二）关于被申请人强制拆除申请人房屋的行为是否违法的问题

申请人的房屋未经有权机关认定为违法建筑，被申请人也未与申请人达成补偿协议。拆除房屋前，被申请人未对申请人进行告知，侵犯了申请人的合法权益。

审理结果

根据《中华人民共和国行政复议法》第28条第1款第3项的规定，行政复议机关决定确认被申请人作出的强制拆除申请人房屋的行为违法。

典型意义

随着我国城市化进程的逐步加快，违法建筑治理成为社会治理的痛点问题，这些违法建筑耗费土地资源，损害公共利益，成为城市有序发展的阻碍因素。行政机关对违法建筑的治理是提升市容市貌、优化人居环境、防范安全隐患、提升城市治理的重要措施。我国现行法律层面并未直接对违法建筑的概念进行定义。违法建筑一般是指建设行为违反自然资源及规划等行政主管部门审批规定，经自然资源及规划等行政主管部门审查认定违法的房屋和其他构筑物。在法律层面，《中华人民共和国土地管理法》和《中华人民共和国城乡规划法》的相关条文对违法建筑的认定有具体规定，并详细地指出了违法建筑所具备的主要特点有：一是违反土地规划、未经批准或者骗取批准所建筑之物；二是未获许可或超出许可范围进行建设的建筑之物。例如，根据《中华人民共和国城乡规划法》第40条的规定，在城市、镇规划区内进行建筑物、构筑物、道路、管线和其他工程建设的，建设单位或者个人应当向城市、县人民政府城乡规划主管部门或者省、自治区、直辖市人民政府确定的镇人民政府申请办理建设工程规划许可证。如果当事人违反《中华人民共和国城乡规划法》关于建设许可相关规定，擅自搭建建筑物、构筑物等设施，一旦着手实施了违法行为，有权机关可依照法定程序认定其构成违法建筑，不以该违法建筑已经建成作为前提。有权机关是指有权对违法建筑采取行政措施的执法主体，也可称为违法建设处置部门，即对违法建设行为做出监督检查、违法认定、行政处罚决定和强制执行的行政主体。根据《中华人民共和国城乡规划法》第64条、第65条规定，违法建设由县级以上人民政府城乡规划主管部门、乡镇人民政府责令停止建设、限期改正和拆除。

根据《中华人民共和国行政强制法》第34条、第35条、第37条、第44条规定，行政机关依法作出行政决定后，当事人在行政机关决定的期限内未履行义务，具有强制执行权的行政机关可以强制执行；行政机关在作出强制执行决定前，应当事先书面催告当事人履行义务；经催告，当事人逾期仍不履行行政决定，且无正当理由的，行政机关可以作出强制执行决定，强制执行决定应当以书面形式作出，并载明强制执行的理由和依据、强制执行的方式和时间、申请行政复议或者提起行政诉讼的途径和期限等；对违法的建筑物、构筑物、设施等需要强制拆除的，应当由行政机关予以公告，限期当事人自行拆除；当事人在法定期限内不申请行政复议或者提起行政诉讼，又不拆除的，行政机关可以依法强制拆除。《中华人民共和国行政强制法》从保护当事人合法权益的目的出发，要求行政机关严格遵守强制执行程序，保障当事人的救济权利。

近年来，在土地或房屋征收过程中，因行政强制导致的行政纠纷经常引发热议。党的二十大提出，要实现好、维护好、发展好最广大人民根本利益，而维护好人民根本利益，关键在于约束行政权力。行政强制属于行政行为中后果最严重的，对人民群众的利益产生重大的影响，因此，既要通过法律的立改废释纂完善法制建设，又要通过个案监督强化对行政强制行为的管束。本案中，行政复议机关严格审查被申请人作出强制拆除房屋的行为，对侵害人民群众利益的违法情形"零容忍"，体现了行政复议救济公民权利的本质属性，践行了行政机关依法行政的理念。

案例二十七　李某不服某市人民政府行政强制执行案

申 请 人　李某

被申请人　某市人民政府

关键词

行政强制　法定程序　陈述申辩　送达

审理要旨

1.《中华人民共和国行政复议法实施条例》第14条规定，行政机关设立的派出机构、内设机构或者其他组织，未经法律法规授权，对外以自己名义作出具体行政行为的，该行政机关为被申请人。开发区管理委员会及其工作部门未经法律法规授权，对外以自己名义作出行政行为的，应当以设立开发区管委会的行政机关为被申请人。

2. 行政机关实施行政强制，应当依照法定的权限、范围、条件和程序进行。行政机关作出强制执行决定前，应当事先催告当事人履行义务，当事人收到催告书后有权进行陈述和申辩，行政机关应当充分听取当事人的意见，当事人提出的事实、理由或者证据成立的，行政机关应当采纳。催告书、行政强制执行决定书应当直接送达当事人。

基本案情

2007年4月2日，案涉房屋土地经陕西省人民政府批准征收为国有。2021年3月9日某土地储备中心发布《拆迁通告》《拆迁补偿方案》，案涉房屋在拆迁范围内。4月2日，某村村委会向申请人发出《解除租赁关系通知书》，通知即日起解除案涉房屋所占土地的租赁关系。2021年4月29日，某征迁指挥部向申请人下发《限期搬离告知书》。2021年4月30日，案涉房屋被强制拆除。

焦点问题分析

本案焦点问题在于被申请人强制拆除申请人房屋的行为是否违法。

1. 根据《拆迁通告》《限期搬离告知书》，某土地储备中心、某征迁指挥部等单位为拆除工作组织实施部门。上述部门均为某管委会下设部门，某管委会属于某市人民政府设立的派出机构。因此，本案中某市人民政府作为被申请人符合法律规定。

2. 关于申请人行政复议主体资格的问题。本案中，申请人提供了其与村民王某签订的《商业街房产转让证书》、土地使用费缴纳票据以及《限期搬离告知书》等有关证据材料。上述材料能够证明申请人是案涉房屋的使用人，强拆行为对其产生了直接影响，申请人与强拆行为有利害关系，其具有本案的主体资格。

3. 被申请人强制拆除案涉房屋时，先后下发《拆迁通告》《限期搬离告知书》，履行了公告、催告等法定程序，但未提供证据证明实施过听取陈述申辩、送达强制执行决定等法定程序，且催告仅一天后就实施强制拆除行为，该拆除行为违反了有关法律规定。

审理结果

根据《中华人民共和国行政复议法》第28条第1款第3项的规定，行政复议机关决定确认被申请人作出的强制拆除申请人房屋的行为违法。

典型意义

程序正当原则是行政执法应当遵行的重要原则之一。根据《中华人民共和国行政强制法》第44条的规定，对违法的建筑物、构筑物、设施等需要强制拆除的，应当由行政机关予以公告，限期当事人自行拆除。当事人在法定期限内不申请行政复议或者提起行政诉讼，又不拆除的，行政机关可以依法强制拆除。根据《中华人民共和国行政强制法》第35条的规定，实行行政强制措施和行政强制执行前都必须履行催告程序，并给予当事人陈述和申辩的权利。在行政实务中，催告在限期拆除决定书作出后，在该决定书载明的当事人自行拆除的期限届满前作出，将催告载明的督促履行期限的终点与限期拆除决定书要求当事人自行拆除期限的终点一致。公告可在催告后、限期拆除决定书载明的当事人自行拆除的期限届满前作出，或与限期拆除决定书同时作出，将公告载明的督促履行期限的终点与限期拆除决定书要求当事人自行拆除期限的终点一致。公告程序和催告程序是对行政机关认为需要强制拆除违法建筑的情况下设置的法定程序。催告旨在期待当事人的自我履行。公告通过告知行政行为的具体内容，同样是起到督促当事人自我履行的目的，同时向社会公示能够起到警示他人和社会监督的作用。但是就立法目的而言，公告发布的期限、催告的期限都应当超过给予当事人能够履行义务的期限，否则将损害当事人根据公告和催告享有的自行履行义务的权利。

《中华人民共和国行政强制法》对强制拆除违法建筑的程序作出概括性规定，还需结合《中华人民共和国土地管理法》《中华人民共和国城乡规划法》等实体法和程序法规范依法拆除。强制拆除作为行使公权力的一种强制手段，其行使必须严格按照法定程序依法进行。法定程序旨在保障被执行人及其他利害关系人免受不法或者不当执行行为的侵害，规制行政机关的强制拆除行为，确保其规范实施。全面依法治国是我国"四个全面"战略之一，最终目标是建立法治国家、法治政府、法治社会。依法行政是建设法治政府应有的题中之义，也是依法治国方略的具体体现，依法行政意味着行政机关要按照各自法定职责、依照法律程序作出行政行为，而不能超越职权或者明显违反法定程序实施行政行为。

三、行政许可

案例二十八　李某某不服某区行政审批局不予撤销行政登记案

申　请　人　李某某

被申请人　某区行政审批局

第　三　人　某公司

关键词

行政登记　行政许可　冒名注册　审慎审查义务

审理要旨

1. 行政登记是指有法定职权的行政主体根据行政相对人的申请，对依法必须登记的事项予以登记，公司设立登记是经公司设立登记机关依法审查，准予其从事特定活动的行政行为，属于行政许可的范畴。

2. 行政机关在作出行政登记行为时，不能因为追求绝对排除错误或瑕疵而无限期审查，这就要求行政机关需要在有限的时间内采取适当的审查方式，作出客观真实的认定。审查方式有形式审查和实质审查之分。形式审查是对审查申请人提交的材料的完备性、合法性的审查，以申请材料所反映的情况与法定的获得登记应具备的条件是否相符合为审查内容；实质审查是指对申请材料的真实性的审查，以申请材料本身所体现的事实情况与客观实际的事实情况是否一致为审查内容。

3. 判定行政机关在行政登记过程中是否尽到合理审慎的审查义务，需要以法定职责和程序、行政机关的审查能力等为判断依据，对审查义务的标准进行适度区分。一般情况下行政机关在法定期限内依照法定程序，通过一般方法手段，排除行政登记所依据的相关材料可能存在的疑点和瑕疵，就可以认定其已经尽到审查义务，否则就未尽到审慎审查义务。

基本案情

2013 年 7 月，李某某丢失其居民身份证，并于次日补办居民身份证。2014 年 2 月 10 日，某公司冒用李某某身份向某区原工商局提交申请资料申请公司设立登记，并申请由李某某担任该公司的法定代表人、股东和执行董事兼总经理，申请资料中包含李某某签字的申请资料、已丢失的居民身份证等。某区原工商局经审查资料后核准设立登记。

2022 年 6 月 16 日，李某某得知自己名下注册了一家公司，并担任该公司法定代表人、股东、执行董事兼总经理。后李某某多次向某区行政审批局（原工商局企业登记职能划转至行政审批局）申请撤销上述设立登记行为，但某区行政审批局认为其对申请材料尽到了审慎审查义务，不应撤销该设立登记行为。2022 年 7 月 12 日，李某某委托司法鉴定中心对申请资料中李某某签名字迹与其于申请设立登记同时期在工作单位书写的 5 份字样进行鉴定。司法鉴定中心作出《司法鉴定意见书》，鉴定结果证明二者并非同一人书写。

2022 年 8 月 18 日，李某某向某区人民政府申请行政复议，要求复议机关责令某区行政审批局撤销某公司设立登记行为，并提交"工商登记档案材料、工作单位证明李某某在 2014 年 2 月 10 日至 20 日期间均在单位正常上班，没有外出和请假记录"的证明材料、司法鉴定意见书等证据材料。某区人民政府行政复议机构受理后为查清事实，前往某公司注册地址实地调查询问房屋所有权人及其小区物业公司工作人员，得知李某某未曾去过该小区，注册地房屋所有权人亦未向李某某出租房屋等事实。

焦点问题分析

本案争议焦点为，某区行政审批局是否尽到了审慎审查义务？

关于某区行政审批局是否尽到了审慎审查义务的问题，《中华人民共和国行政许可法》第 12 条第 5 项规定，企业或者其他组织的设立等，需要确定主体资格的事项属于行政许可，因此企业或者其他组织的设立登记属于行政许可。行政机关在作出行政登记行为时，不能因为追求绝对排除错误或瑕疵而无限期审查，这就要求行政机关需要在有限的时间内采取适当的审查方式，作出客观真实的认定。审查方式有形式审查和实质审查之分。形式审查是对审查申请人提交的材料的完备性、合法性的审查，以申请材料所反映的情况与法定的获得登记应具备的条件是否相符合为审查内容；实质审查是指对申请材料的真实性的审查，以申请材料本身所体现的事实情况与客观实际的事实情况是否一致为审查内容。我国现行法律规范并没有明确界定什么是"形式审查"、什么是"实质审查"，也未以"形式审查"和"实质审查"的用语对登记机关的审查职责进行规定，实质审查与形式审查其实是理论之争，无论采取何种审查方式，登记机关都应当严格依照法律规范设定的审查职责和程序，充分履行职责，保证登记的正确性和效率要求。登记机关的审慎审查义务是内容与形式的统一，实践中不宜对形式审查与实质审查作片面的、绝对的理解和机械地适用。登记机关的审查方式，应当根据不同的行政管理领域和不同的具体情形，严格依照法律规范的相应规定来执行，行政机关的审查义务也是据此厘定的。判定行政机关是否尽到合理审慎的审查义务需要以其职责和审查能力为判断依据，对审查义务的标准进行区分。由于行政登记的客观真实性取决于行政相对人提供的基础事实而非行政登记行为，因此登记机关的审慎审查义务更多的是指程序上的"核实"义务。登记机关只要履行了法定的核实程序，而非经过鉴定、勘验等特别手段，对申请材料反映的内容可能存在的真实性问题予以审查、排除疑点，就应当视为其尽到了审慎审查的职责。例如，及时就发现的疑点依照法定程序进行核实、询问申请人并依法制作询问笔录或派员进行实地查看。

《中华人民共和国公司登记管理条例》（该条例于 2005 年、2014 年、2016 年进行了三次修订，后因《中华人民共和国市场主体登记管理条例》颁布后失效）第 2 条第 2 款规定，申请人应当对提交材料的真实性负责。第 51 条第 1 款第 1 项规定，申请文件、材料齐全，符合法定形式的，或者申请人按照公司登记机关的要求提交全部补正申请文件、材料的，公司登记机关应当决定予以受理。第 53 条规定，对于申请人到公司登记机关提出的申请予以受理的，公司登记机关应当当场作出准予登记的决定。

关于登记机关在公司设立登记过程中应对申请材料的签字盖章等内容的真实性承担审慎审查义务的法律依据问题。一是尽管当时《中华人民共和国公司法》《中华人民共和国公司登记管理条例》等法律法规未对公司设立登记的审查标准作出明确规定，但作为行政行为应遵循行政法的一般原则，而合理行政原则即可为其法律依据。合理行政原则其中一项重要内容就是行政行为应建立在正当考虑的基础之上。该原则要求行政机关在依法作为的同时应尽到应有的、合理的注意义务，以防止有可能损害行政相对人或其他利害关系人合法权益的危害结果的发生，否则可以认为是行政机关怠于履行必要的行政义务，应当承担相应的法律责任。因此，行政法的合理行政原则便是审慎审查义务法律依据的一个来源。二是根据最高人民法院《关于审理公司登记行政案件若干问题的座谈会纪要》第 2 条有关"登记机关进一步核实申请材料的问题"的规定可以看出，登记机关有权也有义务对申请材料中签字或者盖章的真伪进行核实。此外，《中华人民共和国公司登记管理条例》第 53 条第 2 款也赋予了登记机关对提交的申请材料核实的权力，根据行政法权责相统一原则，既然享有核实材料真实性的权力，就应当承担相应的审慎审查义务。

本案中，根据李某某提供其现行使用的身份证原件与某公司设立登记档案中存档的李某某身份证复印件中载明的有效期限可以看出，李某某确于 2013 年 7 月 30 日丢失身份证，某公司的设立申请人在申请办理设立登记时提交的李某某身份证复印件应为李某某丢失的身份证所复印形成，该丢失的身份证在李某某补办新的身份证后即不具有法律效力，故某公司提交的李某某身份证复印件亦应当不具有法律效力；其次，根据某公司的设立登记档案显示，某公司办理设立登记时由李某某本人亲自到场办理，并未委托其他代理人。但根据李某某工作单位提供的证明及《司法鉴定意见书》的鉴定结果，可以认定李某某并未到场办理登记事项。某区行政审批局并未对李某某身份进行基本核实，也未将身份证与其本人进行核对，故认定未尽到审慎审查义务。

审理结果

行政复议机关责令某区行政审批局自收到复议决定之日起 60 日内依法撤销对某公司的设立登记行为。

典型意义

当事人提供虚假材料注册公司是工商登记的常见违法行为，也是行政复议、行政诉讼案件中高发案件类型，企业登记机关在面对当事人存在提交虚假材料的情形时，由于未尽到合理的审慎审查义务导致当事人权益遭受损害。行政复议机构秉承"以事实为依据，以法律为准绳"的原则，在了解案情后，积极与当事人沟通，协调行政审批部门、市场监督部门、税务部门调取相关证据，并前往冒名公司注册地实地调查，尽最大努力还原案件真实情况。在结合全案证据材料及调查事实认为某公司设立登记时确实存在提交虚假材料的情形后，合法、合理运用法律，在法定时限内作出公正合法的复议决定，为当事人交上一份满意的答卷。该案凸显行政复议作为化解行政争议的主渠道作用，让人民群众在每一个复议案件中都能感受到公平正义，切实解决当事人的急难愁盼问题，构建公正有序、诚信和谐的营商环境，促进民营经济健康发展具有积极的引导作用。

案例二十九　某房地产开发有限公司不服某市住房和城乡建设局撤销行政许可决定案

申 请 人　某房地产开发有限公司

被申请人　某市住房和城乡建设局

关键词

主渠道　诚实信用　依法行政　法治政府

审理要旨

1. 行政复议本质上是一种行政司法行为，兼具"行政"和"司法"的双重属性。面对法治政府建设进入深水区的客观现实与法治政府建设过程中产生的重大复杂难题，行政复议机关应当深刻认识行政复议的"行政"属性，对客观存在的难题作出精准判断，巧妙借助复议机关自身高位领导者的协调优势，采取灵活、多样、有效的沟通方式，直接触及申请人的真实诉求，以达到根本化解行政争议的目标，进而有效解决行政争议中的各种深层次问题，最大限度助推法治政府建设。

2. 行政复议决定作出前，申请人要求撤回行政复议申请的，经说明理由，可以撤回；撤回行政复议申请的，行政复议终止。

基本案情

申请人认为，根据2020年9月28日的《某市人民政府专项问题办公会议纪要》中"市国土、规划、住建等部门要提高效率、简化手续，尽力为市场建设报建提供良好服务，涉及土地过户和项目报建的相关收费免收"以上内容得知，免收某城区某市场及市政府配套设施人防工程易地建设费29.7万元。现在，被申请人自行撤销6年前《关于某城区某市场及市政配套设施人防工程易地建设的批复》，催告申请人缴纳已经免除的易地建设费用，违反诚实守信原则，损害了申请人的权益。因此，申请人对被申请人作出的《撤销行政许可决定书》不服,向行政复议机关申请行政复议。

被申请人认为,申请人所认为减免某城区某市场及市政配套设施人防工程易地建设费的相关依据,不符合《中华人民共和国人民防空法》及相关法律法规规定。被申请人在查明事实的基础上,依据《中华人民共和国人民防空法》第 22 条规定、《陕西省实施〈中华人民共和国防空法〉办法》第 11 条规定、《中华人民共和国行政许可法》第 69 条规定、《陕西省、市、县(区)人防系统专项治理整改工作指导意见》第 3 条第 5 款规定作出案涉《撤销行政许可决定书》,符合职权范围,程序合法正当,法律依据正确,请复议机关维持被申请人作出的《撤销行政许可决定书》。

在复议期间,经过复议机关的协调,申请人自愿撤回复议申请。复议机关认为,申请人在行政复议决定作出前自愿撤回行政复议申请的,经说明理由,可以撤回。行政复议审理期间,申请人向复议机关递交《撤回行政复议申请书》,自愿撤回对被申请人的行政复议申请,属申请人真实意思表达,符合法律规定。

焦点问题分析

本案焦点问题在于:一是行政复议机关办理行政复议案件的思路与方式是否符合贯彻推进法治政府建设的理念;二是行政复议机关是否发挥行政复议"主渠道"作用,有效解决实质争议。

一、审理思路与方式是否符合贯彻推进法治政府建设的理念问题

法治政府建设中强调,行政机关工作人员要自觉地运用法治思维和法治方式推动政府工作,实施政府系统依法行政能力提升行动,让政府各级干部都能自觉在法治框架内想问题、作决策、办事情,着力打造依法行政、治理高效的政府。本案中被申请人作出案涉《撤销行政许可决定书》,符合职权范围,程序合法正当,法律依据正确。但前期会议纪要中的内容规定对相对人来说有违信赖利益保护原则,对于法治思维的运用不太到位。

二、行政复议机关是否发挥行政复议"主渠道"作用,有效解决实质争议问题

行政复议制度作为"民告官"的重要制度之一,在解决行政争议,建设

法治政府，维护公民、法人和其他组织合法权益方面发挥着重要作用。党中央将行政复议制度改革作为法治政府建设的重要内容，十分重视发挥行政复议公正高效、便民为民的制度优势和化解行政争议的主渠道作用。本案中，根据20××年9月28日《某市人民政府专项问题办公会议纪要》中"市国土、规划、住建等部门要提高效率、简化手续，尽力为市场建设报建提供良好服务，涉及土地过户和项目报建的相关收费免收"内容，以及其后取得的《关于某城区某市场及市政配套设施人防工程易地建设的批复》可知，某城区某市场及市政配套设施人防工程易地建设费29.7万元已被免收。但是，依据《中华人民共和国人民防空法》《陕西省实施〈中华人民共和国防空法〉办法》《中华人民共和国行政许可法》《陕西省、市、县（区）人防系统专项治理整改工作指导意见》的相关规定，被申请人作出案涉《撤销行政许可决定书》，适用法律正确。因此，复议机关在办理本案过程中面临政府诚信与践行依法行政互相矛盾问题。为坚定落实依法行政，深入推进法治政府建设，同时避免因诚信问题可能引发的负面舆论影响，复议机关深刻认识行政复议的"行政"属性，巧妙借助复议机关自身高位领导者的协调优势，采取灵活、多样、有效的沟通方式，成功劝导申请人全额缴纳了城区静宁市场及市政配套设施人防工程易地建设费29.7万元，并撤回了行政复议申请，有效化解行政争议。

审理结果

根据《中华人民共和国行政复议法》第25条和《中华人民共和国行政复议法实施条例》第42条第1款第1项规定，复议机关决定行政复议终止。

典型意义

基于我国人口大国的基本国情，法治政府建设必然会遇到很多难点和痛点，践行依法行政的过程中也会产生很多重大、复杂难题。行政复议成为化解行政争议的主渠道，是行政复议化解争议优势得以充分发挥的理想模式，是行政复议制度发展的应然最优状态。为了更有效解决依法行政过程中产生的重大、复杂问题，行政复议机关应当充分发挥行政复议化解行政争议的"主渠道"作用，在具体办理行政复议案件过程中，应当对案件中的具体难题作出深刻分析与精准判断，采取灵活、多样、有效的沟通方式进行协调，"主渠道"作用要求行政争议进入行政复议程序之后，能够得到实质性化解，真正满足老百姓的维权请求，直接触及申请人的真实诉求，以达到根本化解行政争议的目标，进而有效解决行政争议中的各种深层次问题，并督促行政机关作出合理合法的行政行为，扎实推进法治政府建设。

四、行政征收

案例三十　张某等不服某市人民政府行政征收案

申 请 人　张某等

被申请人　某市人民政府

关键词

开发区管委会　补偿安置方案　征收土地方案　批准

审理要旨

1. 《中华人民共和国行政复议法实施条例》第14条规定，行政机关设立的派出机构、内设机构或者其他组织，未经法律法规授权，对外以自己名义作出具体行政行为的，该行政机关为被申请人。开发区管理委员会及其工作部门未经法律法规授权，对外以自己名义作出行政行为的，应当以设立开发区管委会的行政机关为被申请人。

2. 行政程序是指行政行为的方式、方法、步骤、顺序和时限，程序合法是保证行政行为整体合法的前提。行政复议机关在审理案件时，首先要认真审查行政机关在作出行政行为的过程中程序是否合法。违反程序法规则同违反实体法规则一样，都将影响行政行为的效力。

基本案情

张某等系某市某区某村村民，在该村建有房屋。2018年3月6日，某办公室作出《关于某实施方案的批复》，批准实施《某实施方案》（以下简称《实施方案》）。6月14日，某区人民政府与某办公室共同作出《关于某工作的通告》，该通告后附涉案《实施方案》，因村民黎某提起行政诉讼，被人民法院确认违法。同时，村民宗某因对本次征收行为不服，认为该《实施方案》违法，曾先后向法院提起行政诉讼，向陕西省高级人民法院提起上诉，人民法院生效法律文书确定案涉《实施方案》实质就是补偿安置方案。

2019年1月10日，陕西省人民政府作出行政批复，同意将某市土地利用总体规划确定的城市建设用地规模范围内某村等有关村组集体建设用地依法征收为国有。2019年4月16日某市政府作出《关于同意征收某村集体土地补偿安置方案的批复》，批准了涉案宗地的征地补偿安置方案。

2020年7月6日，申请人向陕西省政府申请行政复议，认为某市人民政府设立的某办公室作出的《实施方案》违法，请求予以撤销。

焦点问题分析

本案争议焦点问题在于：一是关于被申请人是否适格；二是关于案涉《实施方案》是否违法。

一、关于被申请人是否适格问题

《中华人民共和国行政复议法实施条例》第14条规定，行政机关设立的派出机构、内设机构或者其他组织，未经法律法规授权，对外以自己名义作出具体行政行为的，该行政机关为被申请人。某管委会是某市人民政府设立的派出机构。据此，申请人对某管委会下属的某办公室作出的行政行为不服，以某市人民政府为被申请人提出行政复议，符合上述规定。

二、关于案涉《实施方案》是否违法问题

人民法院生效法律文书确定案涉实施方案实质就是补偿安置方案。2014年《中华人民共和国土地管理法实施条例》第20条规定，在土地利用总体规划确定的城市建设用地范围内，为实施城市规划占用土地的，由市、县人民政府按照土地利用年度计划拟订农用地转用方案、补充耕地方案、征收土地方案，分批次逐级上报有批准权的人民政府。第25条规定，征收土地方案经依法批准后，由被征收土地所在地的市、县人民政府组织实施，并将批准征地机关、批准文号、征收土地的用途、范围、面积以及征地补偿标准、农业人员安置办法和办理征地补偿的期限等，在被征收土地所在地的乡（镇）、村予以公告。市、县人民政府土地行政主管部门根据经批准的征收土地方案，会同有关部门拟订征地补偿、安置方案，在被征收土地所在地的乡（镇）、村予以公告，听取被征收土地的农村集体经济组织和农民的意见。征地补偿、安置方案报市、县人民政府批准后，由市、县人民政府土地行政主管部门组织实施。本案中，在申请人房屋所在土地仍为集体所有，尚未依法征收为国有，征收土地方案尚未依法经有批准权机关批准的情形下，某办公室作出《实施方案》并组织实施，违反了上述法律规定，属于程序违法。

审理结果

根据《中华人民共和国行政复议法》第 28 条第 1 款第 3 项之规定，行政复议机关决定确认某市人民政府（某管委会下属的某办公室）作出的《实施方案》违法。

典型意义

基于各自特定的行政任务和战略目标，开发区存在诸多不同类型，其共同点在于普遍设立了管理委员会作为日常工作的管理机构，行使与经济建设相关的一级政府职权。行政主体一般分为行政机关、法律法规授权的组织两类。开发区管委会及其职能部门不属于行政机关，因此判断其是否具备行政主体资格，需要查明其是否得到法律、法规授权。根据《最高人民法院关于适用〈中华人民共和国行政诉讼法〉的解释》第 21 条的规定，当事人对由国务院、省级人民政府批准设立的开发区管理机构作出的行政行为不服提起诉讼的，以该开发区管理机构为被告；对由国务院、省级人民政府批准设立的开发区管理机构所属职能部门作出的行政行为不服提起诉讼的，以其职能部门为被告；对其他开发区管理机构所属职能部门作出的行政行为不服提起诉讼的，以开发区管理机构为被告；开发区管理机构没有行政主体资格的，以设立该机构的地方人民政府为被告。该司法解释按照批准设立开发区的行政主体为标准进行分类处理，为解决开发区管委会的法律主体资格问题提供了依据。但是对于非国务院、省级人民政府批准设立的开发区管理机构所属职能部门的主体资格未予明确。对于此类主体，只能按照以是否得到行政授权为标准进行资格查明。根据《中华人民共和国行政复议法实施条例》第 14 条的规定，行政机关设立的派出机构、内设机构或者其他组织，未经法律法规授权，对外以自己名义作出具体行政行为的，该行政机关为被申请人。因此对于非国务院、省级人民政府批准设立的开发区管理机构所属职能部门，如果未经过法律法规授权，则不具备行政主体资格，只能由设立机关承担行政法律责任。

根据 2014 年《中华人民共和国土地管理法实施条例》第 20 条、第 25 条的规定，报批政府需要将征收方案归总提交有权政府批准，然后经过公告、听取意见等程序后方可作出补偿安置方案，市、县人民政府批准后方可实施。土地征收与补偿的法定程序是保障被征收人权益的关键制度，公告程序的宗旨是保障当事人的知情权，听取意见程序的作用是保障当事人的参与权。根据《中华人民共和国土地管理法》及其实施条例的相关规定，集体土地经有权机关批准征收后，市、县人民政府及其土地管理部门是负责实施具体征收与补偿工作的法定主体。实践中，市、县人民政府虽然可以委托乡（镇）人民政府、区（县）街道办、开发区管委会工作部门等主体参与征收与补偿相关工作，但不能据此认为此类主体即成为补偿安置的法定主体，其未取得独立实施补偿安置的行政主体资格。

行政实体法是规定行政职权的法律，而行政程序法则是规定如何行使行政职权的法律。行政程序法是保证行政实体法实施的法律。这就要求行政机关在作出行政行为的过程中，不仅要求实体合法，更要确保程序合法。只有严格遵守两者，才能保证行政行为的合法有效。本案的审理针对当前存在的行政机关不学法、不懂法、不守法的问题，对"只重结果、不讲程序"的现象具有警示警醒作用。行政复议在建设社会主义法治国家、推进法治政府建设、维护人民群众合法权益、促进社会公平正义中担负着重要职责使命。

五、行政登记

案例三十一　韦某馨不服某市人民政府行政登记案

申 请 人　韦某馨

被申请人　某市人民政府

第 三 人　韦某午

关键词

行政登记　集体土地使用证　权利归属　调查核实

审理要旨

1. 行政机关作出行政行为，要有充分的法律依据和事实证据，尤其是涉及行政相对人切身利益的事项，更要严格依法办理。县级以上人民政府具有调查核实集体土地权利归属的职责，这也是颁发《集体土地使用证》的前置程序。根据《国家土地管理局土地登记规则》的规定，土地登记申请者申请土地使用权、所有权和他项权利登记，必须向土地管理部门提交土地登记申请书、土地登记申请者的法人代表证明、个人身份证明或户籍证明、土地权属来源证明和地上附着物权属证明。

2. 根据《国家土地管理局土地登记规则》第15条第1款的规定，经土地管理部门审核，对认为符合登记要求的宗地予以公告。行政机关在受理土地登记申请后，未依照《国家土地管理局土地登记规则》规定要求申请人提供土地登记申请书、土地登记申请者的法人代表证明、个人身份证明或户籍证明、土地权属来源证明和地上附着物权属证明，未认真核实涉案土地权属、地上附着物权属，准予登记土地的信息未进行公告的，属于认定事实不清，证据不足，违反程序要求。因此，依法审查行政机关的发证程序，审查行政行为作出时的依据、证据，是办理土地权属争议案件时的重中之重。

基本案情

2005 年 10 月 26 日，被申请人向案外人韦某午颁发了《集体土地使用证》。申请人提出异议称，1974 年申请人在案涉宅基地上盖有三间瓦房。根据村民委员会 2020 年出具的《关于韦某敏韦某力庄基地纠纷群众代表会议意见》证明该事实成立。申请人认为该《集体土地使用证》违法，侵害其合法权益，提起行政复议申请。

焦点问题分析

本案焦点问题在于某市人民政府颁发《集体土地使用证》是否合法。

被申请人在颁发《集体土地使用证》时，应就土地权属来源和地上附着物的权属进行审查，并要将准予登记土地的信息进行公告。本案中，没有证据证明被申请人颁发《集体土地使用证》时对案涉宅基地的土地权属来源和地上附着物权属予以核实，也未将案涉宅基地的有关信息按照规定进行公告，属于认定事实不清，证据不足，违反程序。

审理结果

根据《中华人民共和国行政复议法》第 28 条第 1 款第 3 项的规定，行政复议机关决定撤销某市人民政府颁发的《集体土地使用证》。责令某市人民政府依法对案涉宅基地重新作出处理。

典型意义

政府的公信力，反映在政府履行其职责的全过程。因此，行政机关履职，要站在充分的事实证据之上。为此，就要认真做好调查了解，在对各种利害关系有了明确的认识后再作出行政行为，确保不损害利害关系人的权利，这也是"以人民为中心"的核心要义。加快推进农村集体土地确权登记发证工作是维护农民权益、促进农村社会和谐稳定的现实需要。通过农村集体土确权登记发证，有效解决农村集体土地权属纠纷，化解农村社会矛盾，依法确认农民土地权利，强化农民特别是全社会的土地物权意识，有助于在城镇化、工业化和农业现代化推进过程中，切实维护农民权益。本案中，被申请人在未充分调查土地权属的基础上，武断地作出颁发《集体土地使用证》的行为，侵害了申请人的权利，对此复议机关及时纠错，无疑对维护政府公信力、提高行政执法人员法治意识有着积极意义。

案例三十二　王某杰不服某区林业局行政登记案

申 请 人　王某杰

被申请人　某区林业局

第 三 人　井某荣

关键词

行政许可　法定程序　复议资格　复议时效

审理要旨

1. 行政复议申请人资格，是指对于某项具体的行政行为，具备了什么条件才可以作为申请人提出行政复议申请。公民、法人或其他组织认为具体行政行为侵犯其合法权益的，可以申请行政复议。根据《中华人民共和国行政复议法》相关规定，行政复议申请人应当具备以下条件：①申请人必须是公民、法人或其他组织。即行政活动作用、影响的对象，其合法权益有可能受到行政行为的损害。②申请人必须是认为具体行政行为侵犯其合法权益的公民、法人或其他组织，是具体行政行为的相对人，申请人与被申请复议的具体行政行为有利害关系。

2. 行政机关作出行政处罚必须认定事实清楚、证据确凿充分、适用法律正确、程序合法、内容正当，才能保证行政管理目标的有效实现，保障相对人合法权益。

3. 行政机关作出具体行政行为时，未告知公民、法人或者其他组织起诉期限的，起诉期限从公民、法人或其他组织知道或者应当知道起诉期限之日起计算，但从知道或者应当知道该具体行政行为内容之日起最长不得超过一年。行政复议时效中"知道"具体行政行为情形的判断，是指有充分证据证明申请人知道作出行政行为的时间，在审查中重点审查申请人申请事项是否有证据佐证；所谓"应当知道"，是指工作人员遵循职业道德，运用逻辑推理和生活经验，根据相关证据，推定申请人知道作出行政行为的时间。

基本案情

2019 年 12 月 3 日王某杰自称其父李某祥（1989 年 12 月 2 日病故）原系某区某镇某村一组村民，1985 年 6 月 27 日原某市郊区人民政府向李某祥颁发了《小流域治理使用证》，位于该村一组北头梁水坎沟，面积 50 亩，有期限。1996 年该镇收回了《小流域治理使用证》将其村上荒山进行拍卖，其村上十几户村民获得承包经营权，包括案涉第三人井某荣。2009 年某区人民政府根据第三人申请，依据土地政策，于 2010 年 3 月 12 日向第三人井某荣颁发林权证书。2019 年王某杰以某区给第三人井某荣颁发林权证书侵害其权益，第三人林地和申请人小流域治理地块是同一块地，提起行政复议。其理由为：2014 年申请人发现自家承包的荒山树木被人砍伐，向该镇政府林业员反映情况，未得到解决。后又经驻村干部调解，未与井某荣达成一致意见，在反映多年未解决的情况下，向某区人民法院提起诉讼，人民法院以土地纠纷不属于人民法院管辖，驳回起诉，之后，提起行政复议。

查明事实：1985 年申请人父亲李某祥承包原某市郊区某镇某村一组北头梁水坎沟 50 亩荒山，有承包期限，承包时某市郊区人民政府颁发了小流域治理使用证。申请人提交了有涂改痕迹的李某祥的小流域治理使用证（王某杰有同胞兄长，作为遗产，应属共同共有），其兄长李某定不愿维权。1996 年该镇该村村民委员会拍卖荒山，其中王某生、井某牛、井某荣等 10 余人分别承包了部分荒山荒坡，缴纳了荒山和林木款项。井某荣承包地涵盖并超出了申请人父亲李某祥承包的小流域治理荒山。井某荣承包后雇人栽树，植树造林，绿化荒山。2009 年 5 月 4 日该区人民政府启动林改，成立了工作机构，制定了实施方案，加强了动员和宣传，组织人员勘界确权，签订承包合同。2009 年 6 月 20 日该镇该村一组通过会议表决，颁布了《该村一组林权制度改革实施方案》，大张旗鼓，广为宣传。通过六个步骤落实林地承包和林改制度落实，一是提出登记申请，提出申请时提交林地林木权属证明材料，村委会统一收集登记造册后以村民小组为单位进行张榜公示。二是经村、乡（镇）政府林改领导小组审核通过，填写《林权登记申请表》。三是勘界构图，确定四至。四是复审确权，全村公示。五是逐级审核，确权发证。六是建立档案，专人管理。2009 年 12 月 18 日井某荣填写了《林权登记申请表》，2009 年 12 月 25 日通过了该村村民委员会和该镇审核，2 月 26 日某区林业局和某区人民政府审核通过，2010 年 3 月 12 日给井某荣颁发了林权证书。

申请人称其父亲 1985 年承包本组北头梁水坎沟 50 亩荒山，承包期限 30 年。因申请人持有的《小流域治理使用证》有涂改痕迹，经调查，非当初发证填写人涂改，证件使用期限与截止年限矛盾，涂改处未盖印鉴，不符合涂改证件的生效规则，承包期限 30 年不予认可。申请人自 1985 年小流域治理，全家植树，截至年底，50 亩荒山全部绿化完成，直到 1996 年，该村将荒山再次拍卖，村上十几户人家获得承包经营权，其中第三人于 1996 年 4 月 10 日缴纳了拍卖荒山和林木款，第三人承包荒山，植树造林，申请人声称没有发现，不符合常理。通过查明的事实能够证明，某区人民政府审核通过颁发给第三人井某荣的林权证书程序合法，证据确凿，内容适当，适用依据正确，应当予以维持。

焦点问题分析

本案焦点问题包括：其一，申请人是否享有行政复议的适格主体资格；其二，某区林业局向第三人井某荣颁发林权证的行为否合法；其三，行政复议时效的起始时间和"知道"具体行政行为情形的判断及实质审查；其四，王某杰提交的《小流域治理使用证》能否作为推翻井某荣林权证的有效证据。

（一）申请人是否享有行政复议的适格主体资格的问题

根据 2017 年《中华人民共和国行政复议法》第 9 条的规定，公民、法人或者其他组织认为具体行政行为侵犯其合法权益的，可以提出行政复议申请。由此可见，公民、法人或者其他组织只要认为具体行政行为侵犯了其合法权益，就有权提出行政复议。行政机关的具体行政行为与公民、法人或其他组织想要保护的法律权益是否具有法律上的因果关系，是行政复议申请权形成的客观要求。

根据《中华人民共和国行政复议法实施条例》第 19、20 条规定，行政复议申请书应载明的事项，包括申请人基本情况、被申请人的名称等，要求材料齐全、表述清楚。受理条件是复议机关初步审理和决定是否受理行政复议申请时审查的内容。根据《中华人民共和国行政复议法实施条例》第28条第2项的规定，申请人与具体行政行为有利害关系是受理条件之一。判断申请人利益与具体行政行为的关联性应考虑以下几点：其一，法定性，行政复议审查的利益是行政法律范畴内应受到保护的利益；其二，关联性，当事人受到侵犯的利益必须与具体行政行为具有法律上直接、充分的联系；其三，特定性。当事人主张的权利应是其自身的权利，而不是他人的权利，也不能是社会公共利益。就本案而言，申请人提出的该林权证侵犯的系其承继的荒山的承包使用权，符合判断利害关系人应当考虑的因素，可以作为复议申请人提出行政复议申请。

（二）某区林业局向第三人颁发林权证的行为是否合法的问题

本案所涉林权证系申请行政确权登记，判断行政确权行为的作出是否合法，应着重审查行政确权的内容和程序是否符合法律规定。本案中2009年12月5日第三人井某荣根据国家政策向某区政府提出申请，经该村村民委员会、该镇人民政府、该区林业局和该区人民政府审核，在该村公共场所公示后，没有任何人提出异议，后经该区人民政府确认，该村北头山54亩防护林，井某荣享有50年林权，期限自1996年7月10日至20××年7月10日止。办证程序合法，某区人民政府颁发给第三人林权证的程序合法。

（三）行政复议时效的起始时间和"知道"具体行政行为情形的判断及实质审查问题

《中华人民共和国行政复议法》第9条规定，公民、法人或者其他组织认为具体行政行为侵犯其合法权益的，可以自知道该具体行政行为之日起60日内提出行政复议申请。这里的"知道"，是指有充分证据证明，行政复议申请人知道被申请复议具体行政行为主要内容的具体时间。依据《最高人民法院关于适用〈中华人民共和国行政诉讼法〉的解释》第64条第1款规定，行政机关作出具体行政行为时，未告知公民、法人或者其他组织起诉期限的，起诉期限从公民、法人或其他组织知道或者应当知道起诉期限之日起计算，但从知道或者应当知道该具体行政行为内容之日起最长不得超过一年。根据以上规定，结合本案申请人向复议机关提交的《小流域治理使用证》分析，如申请人提交的《小流域治理使用证》真实、有效，那么，其权利受侵害的时间应从 1996 年该村对集体荒山进行拍卖时计算。当时王某杰已经 30 余岁，常年居住于此，对此事应当知情，但其未提出异议。同时根据复议机关调查情况，王某杰在 2009 年对村上实行林权面积勘察、公示均是清楚的，但其在公示期间也未提出异议，其在某区发证后近十年才提出行政复议，显然已经丧失权利。而某市人民政府在收到该复议案件后，针对王某杰提出的时间和申请人陈述事件发展过程分析认为，某区向第三人发放林权证时王某杰存在可能不知道的因素，因此，某市人民政府为了充分保护利害关系人的权益，立案受理该复议案件。

（四）王某杰提交的《小流域治理使用证》能否作为推翻井某荣林权证的有效证据问题

从王某杰提交的《小流域治理使用证》形式要件看，该证存在多处涂改痕迹，经调查，涂改非当初填写人涂改，证件使用期限与截止年限相互矛盾，涂改处未盖印鉴，不符合涂改证件的生效规则，所以其所称承包期限 30 年《小流域治理使用证》证据不能使用；同时，经调查，在办理林权证时，优先兼顾《小流域治理使用证》所有人，要求交回《小流域治理使用证》，根据村民申请依据政策要求，依法办理林权证，对申请人经过涂改并不肯上交的《小流域治理使用证》，不予认可。

审理结果

根据查明事实和证据，复议机关于 20××年 8 月 12 日依据《中华人民共和国行政复议法》第 28 条第 1 款第 1 项规定，作出维持某区林业局 20××年 3 月 12 日颁发给第三人井某荣的《中华人民共和国林权证》决定。

典型意义

本案彰显了复议机关审理案件对事实、证据全面审查，遵守法定程序，合理照顾利害相关人权益等精神。行政机关既要坚守行政合法性原则底线，贯彻形式法治要求，也要适当考虑行政合理性原则，彰显实质法治理念和人文关怀精神。如果复议机关就案办案，完全可以依据《中华人民共和国行政复议法》关于复议时效的规定，将申请人拒之门外。但复议机关为了让每一位有诉求之人的诉求得到满意回应，将该案从实体上进行审查，通过充分调取审查证据，让申请人进行充分辩解和举证，保障申请人的程序正当利益，但因申请人无客观有效证据证实林权证颁发从程序和实体上侵犯了其权益，最终维持某区林业局 2010 年 3 月 12 日颁发给第三人井某荣的《中华人民共和国林权证》，实现村集体利益合理分配，促进农村经济高质量发展。

案例三十三　某物资集运公司不服某市自然资源和规划局不动产登记案

申 请 人　某物资集运公司

被申请人　某市自然资源和规划局（原某市不动产登记局）

第 三 人　某实业有限公司

关键词：

行政确认　查验义务　审查边界

审理要旨

不动产登记源于当事人的申请，登记机关经审查发现符合登记条件的依法予以登记，不符合登记条件的则不予登记。行政机关在受理不动产登记时，应当按照要求进行查验，查验后才能作出确认不动产权属法律关系的决定。行政机关未按照要求进行查验进行行政确认的，复议机关可依据《中华人民共和国行政复议法》第28条第1款第3项给予撤销。

基本案情

1999年申请人某物资集运公司以划拨的方式取得国有土地使用权〔国有土地使用证某国用（1999）字第××××号〕，2001年因公司名称变更，国有土地使用证变更为某国有（2001）字第××××号。2010年通过出让的方式取得国有土地使用权〔国有土地使用证某国用（2010）第WG××××××号〕。2015年9月申请人将上述两块部分国有土地使用权转让给某铁路集运有限公司。2016年第三人某实业有限公司通过出让的方式取得国有土地使用权，2021年8月第三人向被申请人提出不动产登记申请，2021年8月27日被申请人向第三人作出了陕（2021）某市不动产权第××××号不动产权证。其中，被申请人作出的陕（2021）某市不动产权第××××号不动产权证与申请人所有的某国用（2010）第WG××××××号国有土地使用证确实部分重合，重合面积为 254.84 平方米。

焦点问题分析

本案的焦点问题包括：一是不动产登记属于行政许可还是行政确认；二是被申请人在受理第三人不动产登记时是否查清事实。

（一）关于不动产登记属于行政许可还是行政确认的问题

行政许可是指在法律一般禁止的情况下，根据行政相对人的申请，通过颁发许可证等形式，依法赋予特定的行政相对人从事某种活动或实施某种行为的权利或资格的行政行为。行政确认一般是指行政主体对行政相对人的法律地位、法律关系或有关法律事实进行甄别，给予确定、认定、证明或否定，并予以宣告的具体行政行为，包括行政登记、鉴证、认定和证明等形式。不动产登记是指对房地产、土地等不动产权益关系进行记录和确认的登记行为。不动产登记的目的是明确和确认不动产的权益归属和限制，通过登记不动产的权利人、权益范围和限制条件，确立不动产的所有权和其他相关权益，以保证权属的稳定性和真实性。进一步来看，不动产登记记录了不动产的权属信息，可以提供交易参与者的权益保护和交易安全，避免因权益争议、虚假交易等问题导致的纠纷和损失。总之，不动产登记是由不动产登记机构作出的行政确认决定，属于行政确认的范畴。

（二）关于被申请人在受理第三人不动产登记时是否查清事实的问题

根据《不动产登记暂行条例》第17条、第18条、第19条的规定，在受理阶段登记机关主要审查申请材料是否齐全、是否符合法定形式，符合这些条件的，予以受理；在受理之后，登记机关就要依照法定程序履行查验职责，特定情况下还要进行实地查看和调查。可见，被申请人履行审查行为是国家履行服务职能、为不动产物权提供事先保护的核心路径。行政机关一方面需确保申请人提交的登记材料符合相关法律、法规、规章的规定，具有合法性。例如，要求申请人提供的证明文件真实有效，申请人的资质符合相关规定等。另一方面需核查登记材料的完整性，确保申请人所提交的所有必备材料齐全。如果发现材料不完整，行政机关应当要求申请人补充提供相应的材料。行政机关对登记材料的审查义务主要是为了保证行政行为的合法、公正和规范进行，确保行政机关依法履行职责，促进社会公共利益的实现。同时，行政机关还应当提供相关服务并及时反馈审查结果给申请人。如果被申请人没有尽到审查义务，导致登记错误的，则可能承担登记被撤销等后果。本案中被申请人在未调查清楚受理的第三人不动产登记申请中部分国有土地使用权存在权属争议的情况下，便作出了陕（2021）某市不动产权第××××号不动产权证，属于认定事实不清，应予以撤销。

审理结果

申请人所有的某国用（2010）第 WG×××××号国有土地使用证土地确实与第三人所有的陕（2021）某市不动产权第××××号不动产权证土地部分重合，权属存在争议，被申请人在登记时也未查清事实，故撤销原某市不动产登记局作出的陕（2021）某市不动产权第××××号不动产权证。

典型意义

不动产登记的制度功能能否实现以及在多大程度上实现，与登记机关的审查行为息息相关。在作出登记与否的决定之前，对不动产登记申请进行审查是登记机关的法定义务和必经环节。审查一是能维护不动产权益，不动产登记审查可以确保不动产权益的真实性和合法性。通过审查和核实登记材料，防止虚假登记、侵权登记和冲突登记等问题的发生，保障不动产权益的安全和稳定。二是能确保法律效力，不动产登记是不动产权益的法定证明，对于任何不动产权益变动都需要进行登记。审查登记材料可以确保登记的合法性，使不动产登记具有法律效力，能够为不动产权益提供法律保障。三是能防止不动产纠纷，不动产登记审查可以减少不动产纠纷的发生。通过审查登记材料，可以及时发现和解决可能存在的登记问题，防止不动产权益的纠纷和争议，提高社会稳定性。足见，只有登记机关依法履行审查义务，才能及时发现和制止申请人的弄虚作假行为，排除不合法的登记申请，确保登记真实合法从而实现维护交易稳定与安全的制度目标。

当然，登记机关的审查义务不是无限度的，必须维持在一个合理的水平，行政机关在审查时必须依法行使权力，不能超越自己的职权范围。同时，行政机关的审查也受到时间、人力资源等方面的限制，无法对每个事项都进行详尽的审查。因此，登记机关履行审查义务并不意味着其需要为所有错误的登记行为买单，就保障不动产登记的真实性、准确性而言，申请人仍是第一责任人。真实性方面，不动产登记申请人应当提供真实的不动产相关信息和权属证明文件，如房屋所有权证、合法拥有土地使用权证等，虚假信息可能导致登记错误或纠纷的发生。准确性方面，不动产登记申请人应当确保提供的申请材料准确无误，如不动产的面积、地址、权属关系等信息应当与实际情况相符，提供错误或不准确的信息可能导致登记错误或影响他人权益。如果不动产登记申请人提供的材料存在虚假、错误或不完整的情况，行政机关有权拒绝受理或者作出不予登记的决定。同时，对于故意提供虚假材料或者故意隐瞒真实情况的行为，申请人将承担相应的法律责任。因此，不动产登记申请人有责任确保申请材料的准确性，并承担相应的法律后果。

六、行政确认

案例三十四　刘某不服陕西省人力资源和社会保障厅行政确认案

申 请 人　刘某

被申请人　陕西省人力资源和社会保障厅

关键词

知识青年认定　工龄认定　证据证明力

审理要旨

1. 《中华人民共和国行政复议法》第 28 条将行政行为主要事实不清、证据不足作为撤销、变更、确认行政行为违法的依据。因此，行政机关作出行政行为，要有确凿的证据证明，充分的事实根据，还要正确适用法律、法规、规章和其他规范性文件，这是行政行为合法性的关键要素。

2. 行政复议机关应就申请人、被申请人双方提交的证据进行实质审查，找到准确的法律、政策依据。当事人对证据持相反意见时，复议机关应综合全案情况审查认定证据的证明效力，从而查明案件事实，作出公正的裁判。

基本案情

申请人于 1960 年 10 月 10 日出生，1982 年 2 月从某交通大学本科毕业后分配至某铁路局工作，2005 年 8 月调入某设计研究院有限责任公司工作，

2020 年 10 月 10 日达到退休年龄。根据退休审批流程，某设计研究院有限责任公司于 2020 年 10 月 16 日，将申请人的《职工退休审批表》及相关档案材料报被申请人审核，其中《职工退休审批表》中显示的参加工作时间为 1982 年 2 月 1 日；申请人的人事档案中的《知青花名册》《户口迁移证存根》《户口迁移证》显示，申请人于 1977 年 12 月至 1978 年 2 月在某县某公社下乡插队。恢复高考后，申请人考上大学，户籍由某县某公社迁移至某交通大学；申请人人事档案中，《专业技术干部职务聘任（任命）呈报表》（1988 年 3 月 21 日）《证明》（某公安局某派出所 1989 年 3 月 16 日作出）《干部履历表》（1996 年 3 月 16 日、2000 年 1 月 8 日、2005 年 8 月 1 日）《入党志愿书》（1999 年 1 月 13 日）均填写了申请人于 1977 年 12 月至 1978 年 2 月的下乡知青经历，而《高等学校招生报名登记表》（1978 年 1 月 27 日）《高等学校毕业生登记表》（1982 年 1 月 16 日）《申请入党积极分子登记表》（1997 年 2 月 14 日）《干部任免审批表》（1998 年 8 月 22 日）填写的状态是待业。

申请人认为自己属于知识青年，根据政策应从 1977 年起算工龄。被申请人收到申请人的退休审批材料后，认为虽然申请人在退休前提供了某县档案局出具的知青花名册和某公安分局出具的户籍迁移证存根，但补充资料与档案记载明显不符。即使资料属实，也只能说明申请人当时可能办理了知青下乡手续，无法证明本人当年确实到农村参加了农业生产劳动，更无法用所提供的资料否定历史形成的本人档案记录。故没有认定申请人的知青身份，将申请人参加工作的时间认定为 1982 年 2 月。

另查明，截至申请人退休，其工龄工资按照 30 元/年的标准，从其 1977 年派遣下乡时起算共计 44 年，申请人每月领取的工龄工资为 1320 元。申请人认为审批表中没有认定其"知青"身份，工龄计算有误，被申请人审批退休的行政行为违法，提起行政复议申请。

焦点问题分析

本案的焦点问题在于对申请人"知青"身份和工龄的认定中，申请人和被申请人哪一方提供的证据更具有证明力？

《最高人民法院关于行政诉讼证据若干问题的规定》第 39 条第 1 款规定：

"当事人应当围绕证据的关联性、合法性和真实性，针对证据有无证明效力以及证明效力大小，进行质证。"第67条规定："在不受外力影响的情况下，一方当事人提供的证据，对方当事人明确表示认可的，可以认定该证据的证明效力；对方当事人予以否认，但不能提供充分的证据进行反驳的，可以综合全案情况审查认定该证据的证明效力。"

根据《陕西省人民政府办公厅印发劳动人事部关于解决原下乡知识青年插队期间工龄计算问题的通知》（陕政办发〔1985〕135号）第一条的规定："插队知识青年系指'文革'期间由国家统一组织办理了下乡插队手续，并经县级以上知青部门正式认可的集体插队、插场知识青年、单身插队知识青年和随父母去'五·七'干校劳动的知识青年。"本案中，中共某县委知青办的《知青花名册》记载申请人为下乡插队知识青年，虽然申请人的档案中没有国家统一组织办理的下乡插队手续，但根据某市公安局某分局某派出所出具的迁移证存根，可知申请人于1977年12月实际已将其户口迁至某县某公社。其档案中部分履历显示申请人曾下乡插队，该内容也经工作单位人事部门的审核认可，故应认定申请人办理了知青下乡手续，属于文件规定的"插队知识青年"。再根据《教育部关于国家职工在校学习期间工龄计算问题的复函》的规定，知识青年下乡期间上大专院校学习，毕业后分配工作的，其下乡插队的时间和1970年到1978年进入高等院校、中等专业学校和技工学校的学习时间都应计算为连续工龄。

参照《最高人民法院关于行政诉讼证据若干问题的规定》中对证据适用的若干规定，申请人提供的某派出所和人事部门的相关证据足以证明其属于"知识青年"，被申请人不能提供充分的证据进行反驳时，行政复议机关综合全案情况审查认定申请人插队和上大学的时间计入工龄，被申请人将申请人的工龄起算时间认定为1982年2月1日，属于主要事实不清。另，根据《中华人民共和国社会保险法》第12条第1款和第2款的规定："用人单位应当按照国家规定的本单位职工工资总额的比例缴纳基本养老保险费，记入基本养老保险统筹基金。职工应当按照国家规定的本人工资的比例缴纳基本养老保险费，记入个人账户。"本案中，申请人的工龄工资从1977年12月起算，该工资系本人全部工资的组成部分，也是申请人缴纳养老保险费的基数，被申请人未将工龄工资证明的工作年限作为审批退休的依据，属于适用依据错误。

审理结果

根据《中华人民共和国行政复议法》第28条第1款第3项的规定，行政复议机关决定撤销陕西省人力资源和社会保障厅审批退休的行政行为，责令其依法重新作出行政行为。

典型意义

《中华人民共和国行政复议法》第28条规定，对行政行为进行审查要求"认定事实清楚，证据确凿，适用依据正确，程序合法，内容适当"；可见，事实清楚，证据确凿，是为了确保行政行为的合法性、公正性和准确性。其一，行政机关作出的行政行为如果事实不清楚或证据不确凿，就无法确保行政行为的合法性，可能会违反相关法律法规，导致行政行为无效。其二，事实清楚和证据确凿有助于行政机关公正、客观地作出行政决策。公正性是行政行为的基本要求，行政机关应该依据客观的事实和证据，公平地对待各方当事人，并确保行政行为的决策过程不受主观偏见或随意性的影响。其三，行政行为直接关系到当事人的权益和利益，需要准确地了解和把握相关事实和证据。只有事实清楚和证据确凿，行政机关才能正确判断和处理案件，避免因信息不准确或证据不充分而导致错误的决策，保障当事人的合法权益。

因此，事实清楚和证据确凿是行政行为合法性、公正性和准确性的保证，是行政机关行使行政权力的基本要求。特别在面对一些特定历史问题时，如本案中对于知识青年身份的认定，行政机关更要充分收集证据，避免行政行为因证据不充足、证据不能客观反映事实等情况被撤销。此外，行政复议机关在审理过程中，要严格遵循举证规则，围绕救济公民权利，准确找到具有证明力的裁判依据，全面审查行政机关的行政行为，审慎地作出判断，充分维护人民根本利益。

案例三十五　周某不服陕西省社会保障局行政确认案

申 请 人　周某

被申请人　陕西省社会保障局

关键词

离退休人员养老待遇　宣告死亡　遗属待遇

审理要旨

1. 行政机关在行政管理活动中可以告知的方式就特定的人或特定的具体事项作出涉及公民、法人或者其他组织人身权、财产权的单方行为。作为通知事项的行为，不应影响行政相对人权利义务。但是，在实际的工作中，有行政机关以告知之名，行管理之权。公民、法人或者其他组织认为该行为在实施过程中侵犯其合法权益的，可以提起行政复议。

2. 《中华人民共和国民法典》第48条规定，被宣告死亡的人，人民法院宣告死亡的判决作出之日视为其死亡的日期。某县人民法院2021年7月27日判决宣告王某死亡，视为其死亡日期。

基本案情

申请人的丈夫王某系某矿务局职工，于1997年6月退休，2001年10月23日失踪。2006年1月，被申请人暂停发放王某养老金。2020年5月25日，申请人向某县人民法院提出申请，请求宣告王某死亡。某县人民法院于2021年7月27日判决宣告王某死亡。随后，申请人通过王某生前所在单位，要求被申请人支付抚恤金和丧葬费。2022年5月7日，被申请人作出《养老基金退还告知书》，告知申请人：申请人作为王某遗属，应退还给予王某多发养老金31 739.6元；给申请人的抚恤金和丧葬补助费应以2002年4月给王某发放养老金678.4元为基数，发放20个月抚恤金和丧葬费3500元，共计17 068元；抚恤金和丧葬费与多发养老金相抵扣，申请人应向被申请人退还14671.6

元。申请人不服，提起行政复议申请。

焦点问题分析

本案的焦点问题包括：一是如何确定申请人领取丧葬费和抚恤金的基准；二是被申请人作出的《养老基金退还告知书》是否合法。

（一）关于申请人领取丧葬费和抚恤金基准的问题

《关于因失踪被人民法院宣告死亡的离退休人员养老待遇问题的函》（人社厅函〔2010〕159号）规定，离退休人员被人民法院宣告死亡后，其家属应按规定领取丧葬费补助金和一次性抚恤金。《关于参加企业职工基本养老保险的个人死亡后遗属待遇发放有关问题的通知》（陕人社发〔2013〕65号）规定，已退休人员死亡的，抚恤金标准以死亡前月基本养老金为基数，一次性发放20个月。依照《中华人民共和国民法典》第48条规定，被宣告死亡的人，人民法院宣告死亡的判决作出之日视为其死亡的日期。某县人民法院2021年7月27日判决宣告王某死亡之日，视为其死亡日期。结合上述法律及政策规定，对王某遗属的抚恤金标准应以2021年6月基本养老金为基数，一次性发放20个月。被申请人以2002年4月给王某发放养老金标准为基数，向申请人计发抚恤金，与上述规定不符。

（二）被申请人作出的《养老基金退还告知书》是否合法的问题

被申请人作出的《养老基金退还告知书》中载明，告知是因某矿务局申请，向该单位被宣告死亡退休人员王某的遗属支付抚恤金而作出，针对抚恤金的告知书中却包含抚恤金及丧葬费之外的退还养老金，并以抚恤金和丧葬费与多发养老金相抵扣事项，该告知事项没有事实和法律依据。

审理结果

根据《中华人民共和国行政复议法》第28条第1款第3项之规定，被申请人作出的《养老基金退还告知书》事实不清，适用依据不正确，行政复议机关决定：①撤销陕西省社会保障局作出的《养老基金退还告知书》；②责令对申请人的抚恤金支付申请重新作出处理。

典型意义

政府公信力指的是政府在公众中的信任度和诚信度。政府公信力的高低直接关系到政府的合法性、权威性和有效性，关系人民群众对政府的满意度和信任度，对社会稳定和发展具有重要影响。

　　提高政府公信力，要求行政机关不能不作为，更不能乱作为。一方面，行政机关的行政行为必须依法行使。行政机关应根据法律法规的规定，履行相应的职责，做出必要的行政行动来维护公共利益和公平正义。另一方面，行政机关的职责是为了维护公共利益和社会秩序。如果行政机关不作为或乱作为，会导致公共利益得不到保护，社会秩序受到破坏，给公众带来不良影响和损失。因此，尤其是针对涉及群众利益的事项，要严格依法行政，正确理解当事人的请求，按照法定程序，以事实为依据，有针对性地调查处理、回复。政府公信力的高低对政府的执政稳定和社会发展至关重要，行政机关在履行职责时，一定要清晰地确定某一行政程序所能允许的职权范围，正确履行法定职责，不仅包括要"有问有答"，更包括"答其所问"，针对请求作出正确的回复，如偏离当事人的请求以及基于此请求的职责边界，出现"答非所问"，则会出现本案的结果。因此，政府应注重提升自身的公信力，加强与民众的沟通和互动，增进对民众的了解和信任，建立良好的政府形象。

案例三十六　某工贸有限公司不服某新城管委会工伤认定案

申 请 人　某工贸有限公司
被申请人　某新城管委会
第 三 人　杨某某

关键词

工伤认定　时限中止　程序轻微违法　确认违法决定

审理宗旨

1. 工伤认定部门在何时何种情况下作出工伤认定中止，应当根据《工伤保险条例》第 20 条第 3 款的规定，即作出工伤认定决定需要以司法机关或者有关行政主管部门的结论为依据的，在司法机关或者有关行政主管部门尚未作出结论期间，工伤认定部门可以作出工伤认定决定的时限中止。

2. 行政复议机关认定被申请人行政行为程序轻微违法应当考虑以下几点：首先，应当以行政机关的程序违法是否侵害到当事人的实体权益来区分该行为的严重程度。其次，如果该行政行为在事实认定与法律适用方面没有问题，仅仅是行政行为轻微超越时限则应当依法予以确认违法，而不予撤销该行政行为。

基本案情

2017 年 12 月 4 日杨某某入职申请人某工贸有限公司处从事切割普工工作。在杨某某工作期间，由某工贸有限公司负责考勤并按照杨某某工作情况按月发放工资。2019 年 9 月 22 日，杨某某受某工贸有限公司指派至某公司废钢站工作时受伤，当即被送往某医院紧急救治，后又转院前往上级医院接受治疗。经诊断：右侧多发肋骨骨折伴血气胸，右侧创伤性肺损伤，创伤性休克腰 1 椎体爆裂骨折伴双下肢瘫痪，腰 2 椎板骨折，腰 3 椎弓根骨折，右侧胫腓骨上段骨折，左侧胫骨下段骨折，右侧肩胛骨骨折，脊柱侧弯。

在某市某区劳动人事争议仲裁委员会于 2020 年 7 月 20 日作出《某劳人仲裁字（2020）×××号裁决书》确认杨某某与某工贸有限公司自 2017 年 12 月 4 日至 2020 年 5 月 20 日期间存在事实劳动关系后，杨某某于 2020 年 8 月 25 日向被申请人某新城管委会提交《工伤认定申请表》及相关证据，申请认定工伤。同日，某新城管委会向杨某某出具《工伤认定申请受理通知书》，受理了杨某某的工伤认定申请。另 2020 年 8 月申请人不服《某劳人仲裁字（2020）×××号裁决书》向某市某区人民法院提起民事诉讼，某新城管委会在 2020 年 8 月 25 日作出《工伤认定申请中止通知书》。2021 年 3 月 4 日，某市某区人民法院作出《民事判决书》，确认杨某某与某工贸有限公司自 2017 年 12 月 4 日至 2020 年 5 月 20 日期间存在劳动关系。某工贸有限公司不服该判决，向某市中级人民法院提起上诉。2021 年 7 月 12 日，某市中级人民法院维持原判。被申请人于 2021 年 7 月 23 日收到二审判决书。

2021 年 8 月 12 日被申请人某新城管委会向申请人某工贸有限公司邮寄《工伤认定举证通知书》，要求申请人某工贸有限公司进行举证。2021 年 9 月 3 日，被申请人某新城管委会作出《认定工伤决定书》并于 2021 年 9 月 3 日向杨某某送达、于 2021 年 10 月 9 日向申请人某工贸有限公司邮寄送达。

焦点问题分析

本案的争议焦点有两个：一是被申请人作出的《工伤认定申请中止通知书》是否合法；二是被申请人作出的《认定工伤决定书》是否存在程序违法情形。

（一）关于被申请人作出的《工伤认定申请中止通知书》是否合法问题

《工伤保险条例》第 20 条第 3 款规定，作出工伤认定决定需要以司法机关或者有关行政主管部门的结论为依据的，在司法机关或者有关行政主管部门尚未作出结论期间，作出工伤认定决定的时限中止。其中要强调一点，该条款所规定的"司法机关"指的是法院、检察院、公安机关等，并不包括"司法鉴定中心"这样的机构，其目的是防止滥用时限中止的权力。就本案而言，在申请人不服《某劳人仲裁字（2020）×××号裁决书》向某市某区人民法院提起民事诉讼后，被申请人认为此种情形属于《工伤保险条例》第 20

条第 3 款所规定的司法机关尚未做出结论的情形，从而作出《工伤认定申请中止通知书》。因此，被申请人作出《工伤认定申请中止通知书》的行为合法。

（二）关于被申请人作出的《认定工伤决定书》是否存在程序违法情形问题

本案被申请人在 2020 年 8 月 25 日受理杨某某的工伤认定申请，并在同日因司法案件审理中止了工伤认定程序，2021 年 7 月 23 日恢复工伤认定程序，2021 年 9 月 3 日作出《认定工伤决定书》并在当日当面送达第三人杨某某，但 2021 年 10 月 9 日才向申请人邮寄送达。根据《工伤认定办法》第 22 条的规定，社会保险行政部门应当自工伤认定决定作出之日起 20 日内，将《认定工伤决定书》或者《不予认定工伤决定书》送达受伤害职工（或者其近亲属）和用人单位，并抄送社会保险经办机构。因此，被申请人作出《认定工伤决定书》未超过法定期限，但向申请人送达超过法定 20 日，属于程序轻微违法，并对申请人权利不产生实际影响。故认定被申请人 2021 年 9 月 3 日作出的《认定工伤决定书》属于程序违法的情形，应当确认违法，不予撤销。

审理结果

行政复议机关对被申请人 2021 年 9 月 3 日作出的《认定工伤决定书》，确认程序违法，依法不予撤销。

典型意义

行政机关依法正确履行工伤资格确认的法定职责，有利于提升劳动者的工作积极性，促进企业安全生产，妥善处理工伤事故，维护正常的生产生活秩序，促进社会稳定团结。但在实践中，由于个别行政机关依法行政意识欠缺或者工作疏忽，导致行政行为作出或者送达时出现轻微违法，从而产生行政纠纷。如若认定该行政行为轻微违法并撤销，则不仅导致程序反复和资源浪费，还会导致当事人权利因不能得到及时的维护而受损。工伤认定行政部门依法正确对中止工伤情形进行认定，这有利于通过司法程序解决劳动关系存在与否问题，进而保障工伤认定的准确性。同时，正确认定行政行为违法的严重性，明确程序轻微违法和重大违法的区别，有利于更好地保护当事人的合法权益，也是维护社会公平正义的必经过程和必要前提。

案例三十七　某物业服务有限公司不服某区人力资源和社会保障局工伤认定案

申　请　人　某物业服务有限公司

被申请人　某区人力资源和社会保障局

第　三　人　张某某

关键词

工伤认定　工作时间　工作场所　工作原因

审理宗旨

1. 劳动者在工作时间外按照用人单位要求在工作场所内提供劳动时发生事故伤害的，本质上属于在"加班时间"内因工作原因受到事故损害，应当认定劳动者为工伤。

2. 食宿在单位的劳动者在工作场所受到损害，由于其生活状态和工作状态的界限相对模糊。在此情形下，对于工伤认定的时间、空间和因果关系三个要件的判断主要应考虑因果关系要件，即伤害是否由工作原因引起。

基本案情

张某某自 2020 年 6 月 11 日起在某物业服务有限公司处从事工程主管一职，其工作时间为 8：30～17：30，另外由于工作职位原因，张某某食宿在单位。2020 年 8 月 14 日 8 时 5 分，张某某在巡查某人工湖时，不慎摔倒，导致右手被玻璃碎片划伤。后被送往医院治疗，经诊断为：①右手环指伸肌腱断裂；②右手食指指间关节囊破裂；③右手中指异物留存；④右手皮肤软组织挫裂伤。2020 年 9 月 28 日，张某某向某区人力资源和社会保障局提交了工伤认定申请。某区人力资源和社会保障局于当日受理了张某某的工伤认定申请，并向某物业服务有限公司直接送达了《关于张某某工伤认定调查通知书》，告知某物业服务有限公司提交营业执照复印件及针对张某某受伤的事故调查报告或情况说明等并附证据予以佐证。后某区人力资源和社会保障局经过调查与审查张某某和某物业服务有限公司提交的材料，于 2020 年 12 月 1 日作出了《认定工伤决定书》，认定张某某受到的事故伤害为工伤，并依法向某物业服务有限公司和张某某进行了送达。

焦点问题分析

本案的争议焦点是张某某在工作时间外按照用人单位要求在工作场所提供劳动，发生事故损害，是否属于应认定为工伤的情形？

1. 《工伤保险条例》第 14 条第 1 项和第 2 项规定，职工有下列情形之一的，应当认定为工伤：①在工作时间和工作场所内，因工作原因受到事故伤害的；②工作时间前后在工作场所内，从事与工作有关的预备性或者收尾性工作受到事故伤害的。本案的特殊性在于张某某在工作期间是食宿在工作场所，且张某某因巡查工作在 8 时 5 分受到事故损害与 8 时 30 分正式上班时间距离较近，因此对张某某是否属于工伤应当着重从 8 时 5 分是否属于工作时间以及张某某的行为是否属于工作前的预备行为展开具体分析。

2. 在司法实践中，对工作时间和从事与工作有关的预备性或者收尾性工作都有具体界定。其一，"工作时间"包括法律及单位制度下的标准工作时间和临时性工作时间以及不定时工作制下的不定时工作时间。不能简单地理解为劳动时间，而应包括上下班途中时间、加班时间（包括自愿加班时间）、临时接受工作任务时间、因公出差期间、非法延长的工作时间等。其二，"从事与工作有关的预备性或者收尾性工作"主要是指在法律规定的或者单位要求的开始工作时间之前的一段合理时间内，以及在法律规定的或者单位要求的结束工作时间之后的一段合理时间内，职工在工作场所内从事本职工作或者领导指派的其他与工作有关的相关准备工作。

3. 本案中，首先，张某某在 8 时 5 分发生事故，该事故发生的地点是在其工作的单位，属于在工作场所内。其次，张某某是在巡查某人工湖时受伤，即其目的是工作，满足从事与工作有关的内容，属于因工作原因受到损害。最后，张某某虽是在非正式工作时间发生事故损害，但由于张某某食宿在单位的特殊性，应当主要从张某某受到损害的原因是否基于工作原因具体分析。

张某某是在 8 时 5 分进行巡查工作，基于张某某工程主管工作职责的特殊性，且由于 8 时 5 分与 8 时 30 分相差不远，该行为应当认定为其是在工作时间前一段合理时间内从事与本职工作有关的相关工作。另外，张某某提供的涉及工作安排的微信聊天截图、考勤表、排班表，均证明某物业服务有限公司与其存在劳动关系且张某某是由于工作原因而受伤。因此某区人力资源和社会保障局依据《工伤保险条例》第 14 条第 1 项和第 2 项的规定认定张某某的受伤属于工伤，事实清楚，并无不当。

审理结果

行政复议机关对某区人力资源和社会保障局于 2020 年 12 月 1 日作出的《认定工伤决定书》依法予以维持。

典型意义

面对激烈的市场竞争环境，个别用人单位为降低用工成本、追求利润最大化，为劳动者在本单位提供食宿，随时随地安排加班，对劳动者的身心健康、家庭和睦、参与社会生活等造成了严重影响，有些甚至威胁劳动者的生命安全。劳动法、社会保险法意义上的工作时间和工作岗位必然包括工作前后的预备时间、收尾时间、工作间隙的合理休息时间和根据工作需要待命的合理区域等。如果机械地将工作时间仅仅认定为劳动法和企业内部规定的工作时间，这难免会形成一刀切的情形，不符合公平保护劳动者权益的立法本意，也不符合社会生活与日常观念的常理常态。本案明确了在单位提供食宿情形下的劳动者在工作时间外加班发生事故损害的，应当认定其属于工伤。这有利于实现对劳动者合法权益的充分保障，实现个案正义。

案例三十八　某工程有限公司不服某区人力资源和
社会保障局工伤认定案

申 请 人　某工程有限公司
被申请人　某区人力资源和社会保障局
第 三 人　田某某

关键词

工伤认定　行政确认　举证责任　超过退休年龄

审理要旨

1. 《最高人民法院行政审判庭关于超过法定退休年龄的进城务工农民因工伤亡的，应否适用〈工伤保险条例〉请示的答复》（〔2010〕行他字第10号）和《最高人民法院关于超过法定退休年龄的进城务工农民在工作时间内因公伤亡的，能否认定工伤的答复》（〔2012〕行他字第13号）均规定，用人单位聘用的超过法定退休年龄的务工农民，在工作时间内、因工作原因伤亡的，应当适用《工伤保险条例》的有关规定进行工伤认定。

2. 根据《工伤保险条例》第14条第1款规定，职工有下列情形之一的，应当认定为工伤：在工作时间和工作场所内，因工作原因受到事故伤害的。用人单位聘用的超过法定退休年龄的务工农民，在工作时间内、工作地点因工作原因伤亡的，应当适用《工伤保险条例》的有关规定进行工伤认定。

3. 根据《工伤认定办法》第17条规定，职工或者其近亲属认为是工伤，用人单位不认为是工伤的，由该用人单位承担举证责任。用人单位拒不举证的，社会保险行政部门可以根据受伤害职工提供的证据或者调查取得的证据，依法作出工伤认定决定。

基本案情

田某某就职于某工程有限公司处，2019年10月30日13时50分许，田某某骑自行车与驾驶无号牌电动车的黄某在某大街相撞，致使自行车倒地后田某某受伤。某市公安局交通警察支队某大队《道路交通事故认定书》认定，黄某负主要责任，田某某负次要责任。田某某于当日前往医院就诊，入院记录诊断田某某右股骨颈骨折。田某某于 2020 年 6 月 12 日向某区人力资源和社会保障局（以下简称"某区人社局"）提出工伤认定申请，某区人社局于 2020 年 6 月 25 日予以受理，于 2020 年 7 月 1 日向某工程有限公司邮寄了《工伤认定举证通知书》，某工程有限公司法定代表人于 2020 年 7 月 3 日签收。某区人社局于 2020 年 8 月 6 日作出《认定工伤决定书》并向某工程有限公司邮寄，某工程有限公司法定代表人于 2020 年 8 月 7 日签收。

2020 年 8 月，某工程有限公司向某区人民政府申请行政复议，称田某某超过法定退休年龄，已退出劳动者范围，与用人单位之间不再是"劳动关系"，而是"劳务关系"，不具备认定工伤的主体资格要件，某区人社局的工伤认定属于错误认定；田某某受伤时间不属于"上下班合理时间"，不符合《工伤保险条例》第 14 条第 6 项认定工伤的"上下班"时间要件。发生交通事故地点也不在田某某上下班"途中"的合理路线，某区人社局认定田某某属于工伤情形不符合《工伤保险条例》之规定。请求：①依法撤销某区人社局就田某某所受伤害于 2020 年 8 月 6 日作出的《认定工伤决定书》；②依法对田某某所受伤害作出《不予认定工伤决定书》。

焦点问题分析

本案的争议焦点包括：其一，田某某是否符合工伤认定的主体资格和情形；其二，用人单位拒不举证是否影响工伤认定的作出？

（一）关于田某某是否符合工伤认定主体资格和情形的问题

鉴于我国目前工伤保险范围在不断扩大，农民工进城务工有老龄化趋势。工伤保障立法的本意是保护因工受伤的劳动者，而法定退休年龄制度设计的初衷也是保护劳动者权益，该制度不可成为剥夺劳动者劳动权利的借口，更不能成为排除工伤认定的法定事由，故超过法定退休年龄的劳动者的合法权益应该得到法律的保障。《国务院关于工人退休、退职的暂行办法》规定男年满 60 周岁，女年满 50 周岁退休，但该办法的适用范围为全民所有制企业、事业单位和党政机关、群众团体的工人，并未包括农民工、无业人员等。《最高人民法院行政审判庭关于超过法定退休年龄的进城务工农民因工伤亡的，应否适用〈工伤保险条例〉请示的答复》（〔2010〕行他字第10号）和《最高人民法院关于超过法定退休年龄的进城务工农民在工作时间内因公伤亡的，能否认定工伤的答复》（〔2012〕行他字第13号）均规定，用人单位聘用的超过法定退休年龄的务工农民，在工作时间内、因工作原因伤亡的，应当适用《工伤保险条例》的有关规定进行工伤认定。

因此，虽然田某某超过法定退休年龄，但是其在某工程有限公司处从事有劳动报酬的工作，具有申请工伤认定的主体资格。

田某某在上班途中受到非本人主要责任的交通事故伤害，符合《工伤保险条例》第14条第6项的规定："职工有下列情形之一的，应当认定为工伤：……在上下班途中，受到非本人主要责任的交通事故或者城市轨道交通、客运轮渡、火车事故伤害的"。某区人社局认定事实清楚，适用法律正确，认定田某某为工伤并无不当。

（二）关于用人单位拒不举证是否影响工伤认定的作出的问题

根据《工伤保险条例》第19条的规定，职工或者其近亲属认为是工伤，用人单位不认为是工伤的，由用人单位承担举证责任。《工伤认定办法》第17条规定，职工或者其近亲属认为是工伤，用人单位不认为是工伤的，由该用人单位承担举证责任。用人单位拒不举证的，社会保险行政部门可以根据受伤害职工提供的证据或者调查取得的证据，依法作出工伤认定决定。某区人社局在依法向某工程有限公司送达了《工伤认定举证通知书》后，某工程有限公司并未在规定期限内进行举证，在复议程序中也未提供相关证据证明第三人不符合工伤情形，而某区人社局依法进行了调查取证，根据相关的证据材料作出工伤认定决定并无不当。

另外，关于某工程有限公司请求依法对田某某所受伤害作出《不予认定工伤决定书》。根据《工伤保险条例》及《工伤认定办法》的规定，工伤认定工作由社会保险行政部门负责。因此工伤认定不属于复议机关的处理范围。

审理结果

行政复议机关决定维持被申请人作出的《认定工伤决定书》；驳回某工

有限公司请求对田某某所受伤害作出《不予认定工伤决定书》的申请。

典型意义

工伤认定是劳动行政部门依据法律的授权对职工因事故伤害（或者患职业病）是否属于工伤或者视同工伤给予定性的行政确认行为。《最高人民法院关于超过法定退休年龄的进城务工农民因工伤亡的，应否适用〈工伤保险条例〉请示的答复》（〔2010〕行他字第10号）、《最高人民法院关于超过法定退休年龄的进城务工农民在工作时间内因公伤亡的，能否认定工伤的答复》（〔2012〕行他字第13号）均明确"用人单位聘用的超过法定退休年龄的务工农民，在工作时间内、因工作原因伤亡的，应当适用《工伤保险条例》的有关规定进行工伤认定"。将超过法定退休年龄且没有享受社保退休待遇的进城务工农民纳入《工伤保险条例》保障范围，符合《工伤保险条例》第1条"保障因工作遭受事故伤害或者患职业病的职工获得医疗救治和经济补偿"的立法目的，任何依法劳动的劳动者的合法权益都应该得到有效保障，劳动行政主管部门依法做出工伤认定对维护超过法定退休年龄且没有享受社保退休待遇的进城务工人员的合法权益，维护弱势群体利益具有重大现实意义。

案例三十九　袁某不服某市人力资源和社会保障局
工伤认定案

申 请 人　袁某

被申请人　某市人力资源和社会保障局

关键词

工伤认定　工作岗位　视同工伤　弱势群体

审理要旨

对《工伤保险条例》第 15 条第 1 款第 1 项中规定的"工作岗位"的界定，不应仅限于劳动者日常的、固定的工作地点，还应包括对工作岗位适当延伸的场所，综合考虑是否与工作职责相关，是否在合理区域内受到伤害。基于社会效果和合理性，全面把握《工伤保险条例》立法精神和保护目的，兼顾案件特殊情况，从有利于保护职工等弱势群体的立场进行解释和认定。

基本案情

王某系某公司采油厂灶务管理员，负责单位灶务蔬菜的采购工作，是单位的正式职工。2019 年 12 月 8 日早上，王某受单位领导指派去县城给单位采购蔬菜，在采购蔬菜完毕返回单位的途中感觉身体不适，刚好路过家中，拟回家休息观察，刚进家门没说几句话就晕倒在地，家属急忙拨打 120，经 120 在家中抢救无效死亡。后王某妻子袁某向某市人力资源和社会保障局提出工伤认定申请。某市人力资源和社会保障局审查后认为王某采购完蔬菜回单位途中回家，在家中突发疾病死亡，显然不属于《最高人民法院关于审理工伤保险行政案件若干问题的规定》第 4 条"在工作时间内，职工来往于多个与其工作职责相关的工作场所之间的合理区域因工受到伤害"中的"合理区域"，也不符合《工伤保险条例》第 15 条第 1 款第 1 项规定的"在工作时间和工作岗位，突发疾病死亡"的情形，不应当认定为工伤。某市人力资源和社会保障局于 2020 年 3 月 31 日作出了《不予认定工伤决定书》。袁某不服该决定书，向某市人民政府提起行政复议申请，请求撤销被申请人作出的《不予认定工伤决定书》。

某市行政复议委员会办公室经审理查明：申请人的丈夫王某系某公司采油厂灶务管理员，2019 年 12 月 8 日早上，王某受领导安排去县城市场给单位采购蔬菜，在采购完毕返回单位途中感到身体不适，途经家里停留而突发疾病，经 120 抢救无效死亡。2019 年 12 月 19 日，申请人向被申请人申请工伤认定。被申请人于 2020 年 3 月 31 日作出《不予认定工伤决定书》，认为王某受到的伤害，不符合《工伤保险条例》第 14 条、第 15 条之规定，属于不得认定为工伤或者视同工伤的情形，决定不予认定其工伤。

某市行政复议委员会办公室经过审理认为，王某的死亡应当认定为《工伤保险条例》第 15 条规定的"视同工伤"的情形。事实和理由主要有两点：一是围绕本案的争议焦点进行判定。被申请人认为王某是因突发疾病死在家中，不属于工作岗位上死亡，故不予认定工伤，而复议委员会办公室认为，王某作为单位灶务管理员，在采购完蔬菜返回单位途中，感到身体不适途经家里停留突发疾病死亡，虽然死亡在自家住所，但其是在工作岗位上已经感到身体不适，表明其已经发病，只是顺路回家稍作停留时突发疾病死亡，该行为系人之常情，也是工作岗位的合理区域，是工作岗位的延续状态。因此，应当认定为工伤。二是基于社会效果和合理性进行判定。王某是单位的正式职工，年仅 39 岁，有两个孩子，最大的 12 岁，最小的 4 岁，妻子没有工作，父母都是农民，且年龄较大没有生活来源，王某是家里的顶梁柱，一家人的生活全靠他来支撑。他的突发死亡，给家人带来了巨大的打击，父母没人赡养，孩子没法上学，一个完整的家庭因其突发死亡而支离破碎。《工伤保险条例》的立法本意就是救助这些因突发事件致使家庭出现极度困难的人，使其享有最基本的生活保障。因此，给予王某工伤认定，既符合立法本意，又能够激励各行各业的工作者能以单位为家，认真工作，良好的社会保障体系，促进社会和谐稳定发展，收到良好的社会效果。

焦点问题分析

本案焦点问题在于对《工伤保险条例》中规定的"工作岗位""合理区

域""视同工伤"等情形的判定。

申请人认为，王某作为灶务管理员，早晨按照领导要求出去采购货物，在采购完毕后返回单位的途中，正好路过家里，因手机没电顺便回到家中取充电器，也是为了保障及时和领导沟通采购需求，属于工作岗位的合理区域，应按照《工伤保险条例》第15条第1款第1项之规定，认定王某在工作时间和工作岗位，突发疾病死亡，认定视同工伤。

被申请人认为，根据《最高人民法院关于审理工伤保险行政案件若干问题的规定》第4条规定，在工作时间内，职工来往于多个与其工作职责相关的工作场所之间的合理区域因工受到伤害的，社会保险行政部门认定为工伤，人民法院应予以支持。该规定中的合理区域，应当是指与职工工作职责相关的合理区域。本案中，申请人的丈夫王某采购完蔬菜回单位途中回家，显然不属于该规定中的合理区域，也不符合《工伤保险条例》第15条第1款第1项规定的在工作时间和工作岗位，突发疾病死亡的情形，不应当认定工伤。

某市行政复议委员会办公室受理申请后，认为王某的死亡应当认定为《工伤保险条例》第15条规定的"视同工伤"的情形。《工伤保险条例》第15条第1款规定"职工有下列情形之一的，视同工伤：（一）在工作时间和工作岗位，突发疾病死亡或者在48小时之内经抢救无效死亡的……"。本案中，客观事实是王某死亡在自家住所，在此种情形下能否认定"家中"系"工作岗位"。某市行政复议委员会办公室认为，虽然王某死亡在自家住所，但其是在工作岗位上已经感到身体不适，表明其已经发病，只是顺路回家稍作停留时突发疾病死亡，该行为系人之常情，也是工作岗位的合理区域，是工作岗位的延续状态。因此，应当认定为工伤。

审理结果

被申请人认为王某死亡不符合《工伤保险条例》第14条、第15条之规定，属于不得认定为工伤或者视同工伤的情形，决定不予认定其工伤，不符合法律规定。根据《中华人民共和国行政复议法》第28条第1款第3项的规定，决定撤销被申请人作出的《不予认定工伤决定书》行政行为，责令被申请人60日内重新作出工伤认定。复议决定作出后，某市人力资源和社会保障局亦认可该复议结果，重新作出了认定工伤的决定。

典型意义

工伤认定行政复议是行政相对人对行政主体作出的工伤认定或者核定的工伤保险待遇等具体行政行为不服，依法向行政复议机关申请复查该具体行政行为的法律救济途径。近年来，通过行政复议渠道解决工伤认定行政纠纷的案件呈现出上升趋势，如何正确理解《工伤保险条例》规定符合工伤认定的情形，最大限度地保护伤亡职工的合法权益是行政复议机关审查的重要内容。

行政机关办理工伤认定类行政复议案件，应当全面把握《工伤保险条例》立法精神和立法目的，对法律规定不明确的情形，应从有利于保护职工等弱势群体的立场进行解释和认定，充分践行"以人民为中心""司法为民"理念，推进行政争议实质性化解。实践中，一旦劳动者发生伤害事故，首先想到的是能否被认定为工伤，社会舆论公认劳动者属弱势群体，需要被特殊保护，国家相关机关在应对这类案件过程中也应全面审查，既要坚持合法性要求，也要彰显合理性理念，特殊情况下为促进社会和谐会做出有利于劳动者的扩大解释。该案对王某认定工伤，既符合立法本意，又能激励各行各业的工作者能以单位为家，认真工作，能够促进社会和谐稳定发展，实现法律效果和社会效果的有机统一。

案例四十　某公司不服某县人力资源和社会保障局 不予认定工伤决定案

申 请 人　某公司

被申请人　某县人力资源和社会保障局

关键词

逾期举证　新证据　认定

审理要旨

复议程序中，复议机关对于申请人提交的新证据进行审核认定时，应当结合具体的法律规定，考量行政程序的完备程度、行政相对人在行政程序中的举证义务等因素，来决定是否采纳和认定。

基本案情

申请人不服被申请人作出的《不予认定工伤决定书》，向某县人民政府申请行政复议。

高某为某公司雇佣的厨师。2020年11月15日19时20分左右，高某在某公司做完饭回家途中受伤。事故发生后，某公司向被申请人申请对高某进行工伤认定，被申请人经审查受理后对申请人及高某进行了调查，认定高某在下班回家路上被不明物体碰伤，于是依据《工伤保险条例》第14条第6项作出《不予认定工伤决定书》，认定高某不属于工伤。某公司对此不服，向某县人民政府申请行政复议。

申请人认为高某是在公司做完饭回家途中被不明车辆撞伤，应认定为工伤。

被申请人认为高某是在下班回家路上被不明物体碰伤，不属于工伤认定的范畴。

复议机关审理查明：复议中，某公司改变了在工伤认定过程中的陈述，称高某是在公司做完饭回家途中被不明车辆撞伤，并不是被不明物体碰伤，并向复议机关提交了某县公安局交通警察大队出具的《交通事故证明》。该《交通事故证明》出具时间在不予认定工伤决定作出前，但是某公司在工伤认定程序中未向被申请人提交。对此，某公司未向复议机关作出合理解释。

焦点问题分析

本案的焦点问题在于某公司在复议中提交的《交通事故证明》是否应当被采纳？

《最高人民法院关于适用〈中华人民共和国行政诉讼法〉的解释》第45条规定："被告有证据证明其在行政程序中依照法定程序要求原告或者第三人提供证据，原告或者第三人依法应当提供而没有提供，在诉讼程序中提供的证据，人民法院一般不予采纳"。可见，当事人在诉讼过程中应按照法院的要求提供相关证据，并且需要在法定期限内履行证明的责任。如果没有按照法定程序要求提供证据，这可能导致证据的充分性、真实性和合法性存在质疑，从而影响案件的审理结果。尽管在特定情况下，人民法院也有权酌情考虑原告或第三人提供的证据，但这完全取决于具体案件的情况和证据的可信度。一般情况下，法院更倾向于采纳在法定程序要求下提供的证据，以确保法定程序的公正性和合法性。所以，参考该规定，对于新证据采纳与否因案而异。

本案中《交通事故证明》在申请人提出工伤认定前已经形成，但在申请人提交的《工伤认定申请表》《工伤事故报告》及被申请人针对受伤职工高某所作的《工伤认定调查笔录》中，申请人及高某均未说明受伤是被不明车辆碰撞所致，确属故意隐瞒了该证据。新证据认定时，必须与案件有直接的关联性，能够为案件提供有价值的信息或证明，如果新证据与案件无关或者对案件的结果没有实质性的影响，也可能会被排除。本案中，如果高某受伤确属交通事故，又非本人主要责任，其受伤又发生在下班途中，理应认定为工伤。但复议机关审查后发现，该证据仅证明了高某受伤系下班途中发生交通事故所致，不能证明发生交通事故非高某本人主要责任的事实，因此，某公司在复议中提交的《交通事故证明》不应采纳。

审理结果

复议机关维持了不予认定工伤决定，认为在程序上，被申请人依法经立案受理、调查、作出决定并依法送达，程序合法；事实认定及法律适用上，申请人以及受伤职工高某均陈述受伤是在下班途中被不明物体碰伤所致，最终被申请人认定高某受伤不符合《工伤保险条例》第 14 条第 6 项之规定，不予认定工伤，适用法律正确。复议机关依据《中华人民共和国行政复议法》第 28 条第 1 款第 1 项之规定，作出了维持决定。

典型意义

人力资源和社会保障局虽然承担工伤认定的职责，但在实体法律规范对工伤认定条件规定较为明确的前提下，人力资源和社会保障局是否认定工伤，仍主要取决于申请人申请时依照法律规定提供相应的申请资料。复议机关对行政行为的审查主要是依据行政行为作出时的证据和依据的审查，因而在行政行为作出时申请人未全面提供申请材料，之后又在复议中提供符合申请条件的材料，复议机关并不能仅依据申请人提交的新证据认定被申请人行为违法。当一方在复议过程中提供了新的证据，复议机关应该对各方提交的新证据进行认真审查，认真考虑新证据的相关性、合法性和可信度，衡量这些证据是否与案件有关并能够对决定产生重要影响，以此维护行政机关处理行政事务的积极性，也促进行政相对人依法及时举证。

当然，在承认原行政行为约束力的基础上，也要明确行政复议是行政相对人行使防卫权利、对抗行政权力、保护自己合法权益的方式。通过行政复议可以促动行政机关重新审查自己的行政行为，并根据法律要求进行评估和修改错误的行政行为，从而提高行政行为的合法性和合理性。当然，实践中行政机关相较于行政相对人，通常拥有更多的信息和资源。行政相对人在行政决策过程中往往无法获得足够的信息，难以全面了解行政机关的意图和依据，从而在与行政机关的争议中处于信息不对等的被动地位，在行政决策中处于被动接受和执行的地位，致使其因为没有能力、没有机会或者其他原因未能取得对自己有利的证据。因此，行政复议中也应适当考量给予行政相对人提供证据以推翻行政行为的机会。

七、政府信息公开

案例四十一 贾某不服陕西省人力资源与社会保障厅政府信息公开案

申 请 人 贾某

被申请人 陕西省人力资源与社会保障厅

关键词

政府信息公开 内部事务信息 行政机关负责人 主动公开

审理要旨

1. 内部事务信息主要指行政机关在内部管理活动中所产生的不对外部行政相对人产生法律效果的信息。内部事务信息的成立主要有三个条件：其一，它是记载或反映纯粹的内部事务的，对内外行政决策或决定的作出不产生直接影响；其二，不公开不影响公民对行政职权的监督；其三，公开后对相对人的活动无利用价值。

2. 行政机关负责人决定的作出会对行政相对人的权益产生影响，公开行政机关负责人信息有利于公民对行政职权的监督。《中华人民共和国政府信息公开条例》第20条第2项规定，机关职能、机构设置、办公地址、办公时间、联系方式、负责人姓名属于应主动公开的政府信息。

3. 行政相对人对行政机关的政府信息公开行为具有监督的权利，对于行政机关应当依法主动公开但未公开的事项，行政相对人可以依法申请公开。

基本案情

2022 年 9 月 10 日，申请人通过被申请人的官网申请公开"被申请人内设机构某处负责人姓名"。被申请人于 9 月 23 日作出了××号告知书，并于 9 月 26 日通过申请人邮箱送达。××号告知书载明，对申请人申请公开的政府信息，根据《中华人民共和国政府信息公开条例》第 16 条第 1 款的规定，不予公开。申请人不服，遂申请行政复议。

焦点问题分析

本案争议焦点包括：一是内部事务信息的范围应如何确定；二是行政机关负责人信息是否属于内部事务信息；三是依法应当主动公开的事项未主动公开是否可以申请公开？

（一）关于内部事务信息的范围应如何确定的问题

内部事务信息主要指行政机关在内部管理活动中所产生的不对外部行政相对人产生法律效果的信息。内部事务信息的成立主要有三个条件：其一，它是记载或反映纯粹的内部事务的，对内外行政决策或决定的作出不产生直接影响；其二，不公开不影响公民对行政职权的监督；其三，公开后对相对人的活动无利用价值。不公开的理由在于这些信息是琐碎的，与真正的、重要的公共利益无涉，不公开可以将行政机关从收集和提供这些信息中的负担解脱出来，或者公开会增加不必要的行政成本、降低行政效率，有损行政有效运行。《中华人民共和国政府信息公开条例》第 16 条第 1 款规定，行政机关的内部事务信息，包括人事管理、后勤管理、内部工作流程等方面的信息，可以不予公开。因此，内部事务信息的主要表现形式为人事管理、后勤管理、内部工作流程等。

（二）关于行政机关负责人信息是否属于内部事务信息的问题

我国现行宪法规定，行政机关实行行政首长负责制，根据权责相一致的原则，行政机关负责人享有行政机关内部的最高决策权，对各类事项具有最终决定权，行政首长对本机关行使职权所引起的后果负政治责任与法律责任。而行政机关负责人决定的作出不可避免会对行政相对人的权益产生影响，公开行政机关负责人信息有利于公民对行政职权的监督。《中华人民共和国政府信息公开条例》第 20 条第 2 项规定，机关职能、机构设置、办公地址、办公时间、联系方式、负责人姓名属于应主动公开的政府信息。因此，行政机关负责人信息不属于内部事务信息，属于依法应当主动公开的政府信息。

（三）关于依法应当主动公开的事项未主动公开是否可以申请公开的问题

《中华人民共和国政府信息公开条例》第 9 条规定，公民、法人和其他组织有权对行政机关的政府信息公开工作进行监督，并提出批评和建议；第 19 条规定，对涉及公众利益调整、需要公众广泛知晓或者需要公众参与决策的政府信息，行政机关应当主动公开；第 22 条规定，行政机关应当依照本条例第 20 条、第 21 条的规定，确定主动公开政府信息的具体内容，并按照上级行政机关的部署，不断增加主动公开的内容；第 36 条第 1 项、第 2 项规定，对政府信息公开申请，行政机关根据下列情况分别作出答复：所申请公开信息已经主动公开的，告知申请人获取该政府信息的方式、途径；所申请公开信息可以公开的，向申请人提供该政府信息，或者告知申请人获取该政府信息的方式、途径和时间。根据上述规定，行政相对人本身对行政机关的政府信息公开行为就具有监督的权利，对于行政机关应当依法主动公开但未公开的事项，行政相对人可以依法申请公开。

审理结果

行政复议机关依据《中华人民共和国行政复议法》第 28 条第 1 款第 3 项之规定，撤销陕西省人力资源和社会保障厅作出的××号告知书，责令对申请人申请公开的政府信息予以公开。

典型意义

政府信息公开，是提高政府公信力和执行力、提高政府治理体系和治理能力现代化的需要，是保障公民、法人或者其他组织对政府行为的知情权、参与权、表达权、监督权的重要途径，是建设创新政府、法治政府、服务政府和廉洁政府的重要方面，对人民群众生产、生活和经济社会活动具有不可或缺的服务作用。依法公开政府信息是政府的义务，依法获取政府信息是公众的权利，对于行政机关应当依法主动公开的政府信息，行政机关应当依法在法定时限以法定方式公开，满足人民群众对政府信息的需要，更好地发挥公众的监督作用，以信息公开促进和保障权力在阳光下运行，推动行政机关依法行政。

案例四十二　某法律咨询服务中心不服陕西省教育厅
政府信息公开案

申 请 人　某法律咨询服务中心

被申请人　陕西省教育厅

关键词

不完全履行法定职责　部分答复　职责转移　告知义务

审理要旨

1. 不完全履行法定职责，具体是指公民、法人或其他组织向行政机关或法律、法规、规章授权的组织提出申请，请求其依法履行相应法定职责时，行政机关或法律、法规、规章授权的组织在程序上或实体上实施了部分行为，但其作出的行为仅仅部分满足申请人的请求。

2. 在不完全履行法定职责的行政行为中，如果行政主体在程序上的步骤已经完整履行，但法定职责的履行期限届满时行政相对人的合法权益依然处于受损状态，不能按照法律、法规等相关规定得到充分的保护，那么该行政主体依旧构成不完全履行法定职责，应当承担相应的法律责任。

3. 在监管职责转移的情况下，省教育厅应当告知申请人并说明理由，并且应当告知负责公开该政府信息的行政机关的相关信息。而申请人向被申请人提出申请六项信息公开的内容，被申请人仅对其中一项进行了答复，并未完全履行告知义务，属于不完全履行法定职责，其行为违法。

基本案情

某法律咨询服务中心于 2020 年 8 月 6 日向陕西省教育厅邮寄政府信息公开申请，所需信息的内容描述为：①请求依法提供某职业学校 2016 年至 2020 年每年经批准备案招生专业、计划、学制、办学层次。②请求依法提供某职业学校 2016 年至 2020 年每年经批准备案招生简章。③请求依法提供某职学校 2016 年至 2020 年合作办学经备案批准批复性文件。④请求依法提供适用省民办中专院校 2016 年至 2020 年每年招生办学管理及学籍管理具体性文件。⑤请求依法提供某职业学校批准设立的批复文件。⑥请求依法提供民办中专院校 2016 年至 2020 年每年学费收费标准以及学杂费标准相关管理文件。8 月 17 日，被申请人作出政府信息公开告知书并邮寄给某法律咨询服务中心，根据申请人提出的政府信息公开申请具体内容描述，申请人申请公开的信息为六项，而被申请人作出的告知书只就申请人申请公开事项第一项的部分内容进行了答复，对申请公开的其余事项均未依照法律规定分别作出答复，并依法予以告知。8 月 20 日，申请人收到被申请人作出的政府信息公开告知书。

焦点问题分析

本案争议焦点包括：一是部分答复行为的性质问题；二是针对职业学校的管理属于哪一行政机关的主管范围；三是在监管职责转移的情况下，被申请人不完全答复行为是否合法？

（一）关于部分答复行为的性质认定问题

不完全履行法定职责，具体是指公民、法人或其他组织向行政机关或法律、法规、规章授权的组织提出申请，请求其依法履行相应法定职责时，行政机关或法律、法规、规章授权的组织在程序上或实体上实施了部分行为，但其作出的行为仅仅部分满足申请人的请求。本案中，申请人向被申请人提出申请六项信息公开的内容，但被申请人仅对其中一项进行了答复，属于不完全履行法定职责。不完全履行法定职责处于履行和不履行两者的中间阶段，虽然从行为的外在形式上看行政机关或法律、法规、规章授权的组织对行政相对人的申请已经作出相应行为，并将其法定职责履行完毕，但是从实际效果上看，其做出的行政行为不完整或者不能满足行政相对人全部申请请求，并没有真正地依法履行完毕其法定职责。行政机关对于相对人提出的申请，已经按照相关法律程序履行了部分行为，但其作出的行政行为仅仅是部分满足了申请人的请求，如果行政相对人的请求未被满足的部分，也是行政机关应当履行的职责，则依然构成实体上的不完全履行法定职责。在不完全履行法定职责的行政行为中，如果行政主体在程序上的步骤已经完整履行，但法定职责的履行期限届满时行政相对人的合法权益依然处于受损状态，不能按照法律、法规等相关规定得到充分的保护，那么该行政主体依旧构成不完全履行法定职责，应当承担相应的法律责任。

（二）关于针对职业学校的管理属于哪一行政机关的主管范围的问题

《中华人民共和国教育法》第14条第1款、第2款规定，国务院和地方各级人民政府根据分级管理、分工负责的原则，领导和管理教育工作。中等及中等以下教育在国务院领导下，由地方人民政府管理。《中等职业学校管理规程》第二条规定，本规程适用于依法设立的各类中等职业学校（包括普通中等专业学校、成人中等专业学校、职业高中、技工学校）。中等职业学校的设立依据国家和省级教育行政部门发布的中等职业学校设置标准，其设立、变更、终止应当报省级教育行政部门依法审批或备案。根据上述规定，申请人申请信息公开的某职业学校应当属于省级教育行政部门主管，即应当由省教育厅主管。《中共陕西省委 陕西省人民政府关于贯彻〈国家中长期教育改革和发展规划纲要（2010—2020年）〉的实施意见》明确指出，教育行政部门要进一步加强职业教育统筹规划、综合协调和宏观管理，负责中等职业学历教育学校的审批和管理，统一制定学校设置和质量评价标准；加强市级政府统筹，把职业教育纳入经济社会和产业发展规划，打破县域、行业、部门、学校类型界限和保护壁垒，通过"合并、共建、划转"等方式，优化整合职教资源；健全"政府统筹、以市为主、行业参与、社会支持"的职业教育管理体制。陕西省教育厅决定，将省管民办中等职业学校管理权下放至市级教育行政部门。省管民办中等职业学校的行政许可、办学许可证管理、安全稳定、招生广告及简章备案、学生学籍注册及毕业证验印、教育教学管理、年度检查等日常管理工作等所有事项全部移交至学校所在地的市级教育行政部门。因此，针对职业学校的管理原属于省级教育行政机关的主管范围，后下放至市级教育行政部门主管。

（三）关于在监管职责转移的情况下，被申请人不完全答复行为是否合法的问题

《中华人民共和国政府信息公开条例》第36条第5项规定，所申请公开信息不属于本行政机关负责公开的，告知申请人并说明理由；能够确定负责

公开该政府信息的行政机关的，告知申请人该行政机关的名称、联系方式。本案中，在监管职责转移的情况下，某省教育厅应当告知申请人并说明理由，并且应当告知负责公开该政府信息的行政机关的相关信息。而申请人向被申请人提出申请六项信息公开的内容，但被申请人仅对其中一项进行了答复，并未完全履行告知义务，属于不完全履行法定职责，其行为违法。

审理结果

行政复议机关根据《中华人民共和国行政复议法》第 28 条第 1 款第 3 项之规定，撤销陕西省教育厅作出的政府信息公开告知书，责令重新作出答复。

典型意义

政府信息公开能够以公开促透明、促公正、促规范、促落实，提升政府服务能力和水平，促进政府依法行政；信息公开能够保障公民知情权，以公开促参与、监督，有利于公民行使民主权利，参与政府管理。行政机关在政府信息公开中应当依法主动作为，对于不属于本行政机关公开范围但能够确定负责公开行政机关的，行政机关应当告知申请人并说明理由，并且应当告知负责公开该政府信息的行政机关的相关信息。行政机关完全履行职责，才能满足社会对信息的需求，推动法治政府的建设。

案例四十三 张某不服某市人民政府政府信息公开案

申 请 人 张某

被申请人 某市人民政府

第 三 人 陈某

关键词

个人隐私 土地转租 政府信息公开第三人

审理要旨

1. 根据我国政府信息公开的司法实践,以下个人信息通常被视为个人隐私不予公开:其一,个人身份相关信息,包括身份证、驾驶证、出生证、工作证等证件上记载的证件号码、家庭住址、联系方式等个人基本情况信息。其二,个人生理与健康信息。其三,个人财产状况信息,包括银行账号、存款信息、房产信息、交易和消费记录等。其四,个人行踪信息等。

2. 涉及个人隐私的政府信息豁免公开是为了保护个人的隐私权益。但在一些情况下,私人权益已不具有例外保护的必要性。我国政府信息公开实践中,行政复议机关认可利害关系人有权申请公开涉及个人隐私的信息。

3. 判断涉及个人隐私的政府信息应否公开需遵循以下步骤:第一步,识别信息是否属于"个人隐私"。只要信息属于或涉及个人隐私,一般情况下该信息就应当保密,被列入豁免公开的范围。第二步,如果公民、法人或者其他组织所申请公开的政府信息涉及个人隐私,行政机关依法征求第三方的意见,在结合立法规定和第三人答复的基础上,针对个案判断豁免公开的事由是否恰当。如果个人权益不再具有例外保护的必要性,行政机关可以决定公开信息。第三步,如果第三人不同意公开且其理由正当合理的,行政机关应运用比例原则衡量信息公开对个人利益的影响和不公开对公共利益的损害;如果不公开信息将对公共利益造成重大影响,则应公开相关信息。第四步,遵循正当程序原则依法保障第三人充分参与公开的过程。公开涉及个人隐私的政府信息是为了避免对公共利益造成重大影响，一定程度上牺牲、损害了个人权益，应赋予第三人程序参与权和正式公开信息之前的异议权，对行政机关进行必要的程序制约。

基本案情

申请人张某与其父张某义等人在某村分有集体土地。2010 年 6 月 8 日，张某义与李某签订《土地转包合同》，将 6.8 亩集体土地及土地上建筑物、水电设施租赁给李某。2016 年 8 月 12 日，李某又将其在某村承包的集体土地转租给陈某。2017 年 6 月 14 日，某新区管理委员会因建设万亩生态林道路周边绿化提升改造拟占用该集体土地，与陈某签订《补偿协议书》，补偿对象为陈某。2020 年 11 月 9 日，申请人向某新区管理委员会提交《政府信息公开申请书》，请求公开申请人承包地涉及的补偿方案、补偿协议。2020 年 11 月 10 日，某新区管理委员会向陈某发出《政府信息公开征求意见书》，询问其是否同意公开补偿协议。在收到陈某不同意公开的意见后，某新区管理委员会作出《政府信息公开告知书》，告知申请人由于补偿协议涉及第三方个人隐私，因第三方不同意公开，故不予公开补偿协议。申请人不服，提起行政复议申请。

焦点问题分析

本案争议焦点包括：一是土地承包经营权多次转租是否合法；二是第三人陈某与行政机关签订的《补偿协议书》是否属于第三方个人隐私；三是针对第三人不同意公开与其个人隐私相关的政府信息，有关政府信息是否就不能公开。

（一）关于土地承包经营权多次转租是否合法的问题

2009 年《中华人民共和国农村土地承包法》第 32 条规定，通过家庭承包取得的土地承包经营权可以依法采取转包、出租、互换、转让或者其他方式流转；第 34 条规定，土地承包经营权流转的主体是承包方。承包方有权依法自主决定土地承包经营权是否流转和流转的方式；第 37 条第 1 款规定，土地承包经营权采取转包、出租、互换、转让或者其他方式流转，当事人双方应当签订书面合同。采取转让方式流转的，应当经发包方同意；采取转包、出租、互换或者其他方式流转的，应当报发包方备案。根据上述规定，土地承包经营权多次转租的行为符合法律规定。

（二）关于第三人陈某与行政机关签订的《补偿协议书》是否属于第三方个人隐私的问题

《中华人民共和国政府信息公开条例》第 15 条规定，涉及商业秘密、个人隐私等公开会对第三方合法权益造成损害的政府信息，行政机关不得公开。但是，第三方同意公开或者行政机关认为不公开会对公共利益造成重大影响的，予以公开。本案中，第三人陈某以补偿协议内容为个人隐私为由不同意行政机关公开相关信息，而补偿协议内容是否属于个人隐私？从普遍认识上看，个人隐私是指他人从一般途径不能得到、泄露后会影响个人的自由和生活安宁，本人不希望他人知道的信息。根据我国政府信息公开的司法实践，以下个人信息通常被视为个人隐私不予公开：其一，个人身份相关信息，包括身份证、驾驶证、出生证、工作证等证件上记载的证件号码、家庭住址、联系方式等个人基本情况信息。其二，个人生理与健康信息。其三，个人财产状况信息，包括银行账号、存款信息、房产信息、交易和消费记录等。其四，个人行踪信息等。在"符某某与昆明市西山区人民政府等信息公开上诉案"中，二审法院认为被申请公开的政府信息"具体到被征收人的姓名、被拆迁房屋的详细坐落、面积及分户补偿的方式、补偿金额明细等，已涉及被征收人的个人隐私事项。"其将涉及补偿协议具体内容的信息视为个人隐私，云南省高级人民法院的相关判决对此予以肯定。第三人陈某与某新区管理委员会签订的《补偿协议书》中不可避免地会出现陈某的个人身份信息、补偿金额信息等。因此，第三人陈某与行政机关签订的《补偿协议书》确系第三方个人隐私。

（三）关于针对第三人不同意公开与其个人隐私相关的政府信息，有关政府信息是否就不能公开的问题

涉及个人隐私的政府信息豁免公开是为了保护个人的隐私权益。但在一些情况下，私人权益已不具有例外保护的必要性。我国政府信息公开实践中，行政复议机关认可利害关系人有权申请公开涉及个人隐私的信息。本案中，申请人张某系案涉集体土地的承包人，后经多次转租给第三人陈某，张某系

某新区管理委员会与陈某行政征收法律关系中的利害关系人，享有依法请求公开《补偿协议书》的合法权利。

《中华人民共和国政府信息公开条例》第 21 条规定，除本条例第 20 条规定的政府信息外，设区的市级、县级人民政府及其部门还应当根据本地方的具体情况，主动公开涉及市政建设、公共服务、公益事业、土地征收、房屋征收、治安管理、社会救助等方面的政府信息；《国有土地上房屋征收与补偿条例》第 3 条规定，房屋征收与补偿应当遵循决策民主、程序正当、结果公开的原则。本案中，虽然政府所实施的行为不属于房屋征收行为，但在政府信息公开的统一视角下，案涉协议的征收补偿资金来源于公共财政、补偿应遵循统一标准、公平补偿原则等重要特征与征收活动类似，故亦应同样适用公开原则，接受社会监督。《中华人民共和国政府信息公开条例》第 32 条规定，依申请公开的政府信息公开会损害第三方合法权益的，行政机关应当书面征求第三方的意见。第三方应当自收到征求意见书之日起 15 个工作日内提出意见。第三方逾期未提出意见的，由行政机关依照本条例的规定决定是否公开。第三方不同意公开且有合理理由的，行政机关不予公开。行政机关认为不公开可能对公共利益造成重大影响的，可以决定予以公开，并将决定公开的政府信息内容和理由书面告知第三方。根据上述规定可知，行政机关对于土地征收的相关事项应当予以公开，但涉及第三方合法权益的应当征求第三方意见，在第三方拒绝公开的情况下，行政机关认为不公开可能对公共利益造成重大影响的，可以决定予以公开。本案中，张某系某新区管理委员会与陈某行政征收法律关系中的利害关系人，其本身就有申请信息公开的权利，在此情况下，也并未侵犯第三人合法权益。而基于社会公共利益与行政监督的需要，本案中的《补偿协议书》也应向申请人公开。

审理结果

行政复议机关根据《中华人民共和国行政复议法》第 28 条第 1 款第 2 项的规定，行政复议机关决定责令某市人民政府依法向申请人公开案涉土地《补偿协议书》。

典型意义

政府信息公开是公众参与行政过程的一个重要前提，也是公众实现知情权的重要保障。由于行政机关本身具有行政权行使的优势，在履职过程中掌握并保存了大量的公众信息，公开相关信息能够帮助公民做出正确的决策，也有利于公众更好地理解行政机关的行政行为，减少不必要的争端和疑虑，促进行政机关合法合理行政。然而在政府信息公开中有可能会涉及对个人隐私的侵犯，从而引起公众知情权与个人隐私权之间的矛盾。但当知情权所保护的"公共利益"明显大于个人隐私权所保护的"私人利益"时，或者说当不公开信息对公共利益造成的损害大于公开信息对个人权益造成的损害时以及不公开会损害利害关系人合法权益时，私人权益应当让位，必须公开相关信息。如此才能有利于政府信息资源的透明，维护社会的稳定与和谐。

案例四十四　安某不服某市人民政府不履行政府信息公开职责案

申 请 人　安某
被申请人　某市人民政府

关键词

政府信息公开　内设机构　被申请人　行政征收　释明义务

审理要旨

1. 行政复议参加人的确定，是行政复议正确运转的关键所在，而被申请人的适格问题更是重中之重。被申请人的确立应当遵照以下几点：其一，作出行政行为的行政机关是被申请人。其二，两个或两个以上行政机关以共同名义作出行政行为的，共同作出行政行为的行政机关是共同被申请人。其三，法律、法规和规章授权的组织作出行政行为的，该组织是被申请人。其四，行政机关委托的组织作出行政行为的，委托的行政机关是被申请人。其五，作出行政行为的机关被撤销的，继续行使其职权的行政机关是被申请人。

2. 行政机关在收到申请人的政府信息公开申请后，如掌握相关政府信息，应及时向申请人公开；如不掌握，则应当告知申请人并说明理由，此外如果能够确定负责公开该政府信息的行政机关的，同时应当告知申请人向所确定的行政机关申请公开信息。即行政机关具有释明义务。

基本案情

申请人安某于2021年6月21日向某新区管理委员会某局递交政府信息公开申请表，申请公开：申请人房屋所涉地块征收建设项目相关的建设项目立项批复文件及申报信息。某局于2021年6月22日收到该政府公开申请表，既未向申请人公开相关政府信息，也未就申请人的政府信息公开申请作出答复或解释。申请人认为某局不履行政府信息公开职责违法，于2021年8月6日向被申请人某市人民政府提起行政复议申请，被申请人作出《行政复议告知书》，告知申请人对某新区管理委员会的行政行为不服，应向某省人民政府提起行政复议申请。2021 年 8 月 16 日，申请人以某市人民政府为被申请人向某省人民政府提起行政复议申请。

焦点问题分析

本案的争议焦点有两个：一是本案被申请人如何确定；二是内设机构某新区管理委员会某局收到公开信息申请后，应如何处理。

（一）关于本案被申请人如何确定的问题

《中华人民共和国行政复议法实施条例》第 14 条规定，行政机关设立的派出机构、内设机构或者其他组织，未经法律、法规授权，对外以自己名义作出具体行政行为的，该行政机关为被申请人。由此可见，派出机构、内设机构或者其他组织，未经法律、法规授权，对外以自己名义作出具体行政行为的，实质上属于行政委托，其法律后果应当由设立行政机关承担。行政授权的法律后果，是使被授权的组织取得了所授予行政职权的主体资格，成为该项行政职权的法定行政主体。而行政委托的对象可以是另一行政主体，也可以是其他社会组织，但均不会因此而发生职权职责的转移，受委托组织也不能因此而取得行政主体资格。结合本案，某新区管理委员会某局是该新区管理委员会的内设机构，同时该新区管理委员会又是某市人民政府成立的事业单位，即某市人民政府的派出机构。此外，针对本案所发生争议的政府信息公开的行政行为，某新区管理委员会并无法律、法规的授权，即没有法律、法规规定某新区管理委员会具有公开政府信息的法定职责。因此其仅是依据某市人民政府的委托来具体实施。因此在本案中，某新区管理委员会与某市人民政府实质上属于行政委托关系。综上，某新区管理委员会作为某市人民政府的派出机构，其内设的某局自然无相应的行政主体资格。因此在本案中，某新区管理委员会某局并不能作为被申请人，而只能由设立该派出机构的某新区管理委员会的某市人民政府作为被申请人。

（二）关于内设机构某新区管理委员会某局收到公开信息申请后，应如何处理的问题

《中华人民共和国政府信息公开条例》第36条第5项规定，对政府信息公开申请，行政机关根据下列情况分别作出答复：所申请公开信息不属于本行政机关负责公开的，告知申请人并说明理由；能够确定负责公开该政府信息的行政机关的，告知申请人该行政机关的名称、联系方式。从中可知，行政机关具有释明义务。首先，行政机关查明所申请公开的信息不属于本行政机关负责公开的，应当告知申请人并说明理由。其次，行政机关查明所申请公开的信息不属于本行政机关负责公开的情况下，同时行政机关能够确定负责公开该政府信息的行政机关的，则应当告知申请人向所确定的行政机关申请公开信息。如果行政机关没有履行释明义务，则属于不作为。结合本案，某新区管理委员会某局在收到申请人提交的《政府信息公开申请表》后，如掌握相关政府信息，应及时向申请人公开；如不掌握，则应当告知申请人并说明理由，此外如果能够确定负责公开该政府信息的行政机关的，同时应当告知申请人向所确定的行政机关申请公开信息。但本案某新区管理委员会某局在收到申请人公开信息的申请后，在法定期限内既没有公开相关政府信息，也没有告知当事人理由，因此某局并没有履行释明义务，存在不作为情形。

《某市某新区管理委员会信息公开规定》第3条规定，某市某新区管理委员会信息公开领导小组是某新区信息公开的领导机构，其办公室设在管委会办公室，具体负责信息公开工作的日常管理、组织指导，并与有关部门联合组织监督检查。同时，《某市某新区管理委员会信息公开指南（试行）》中明确，某新区管委会政府信息公开申请的受理机构为某市某新区管委会信息公开工作领导小组办公室。但《中华人民共和国政府信息公开条例》第10条第1款规定，法律、法规对政府信息公开的权限另有规定的，从其规定。《某市某新区管理委员会信息公开规定》和《某市某新区管理委员会信息公开指南（试行）》作为规范性文件，无权改变政府信息公开的权限，因此其中关于受理政府信息公开申请的行政机关的规定对申请人安某不发生外部约束力。

综上所述，某局作为某市人民政府派出机构某新区管理委员会的内设机构在收到申请人安某的政府信息公开申请后，在法定期限内不回复，应当视

为某市人民政府依法不履行政府信息公开职责，即某市人民政府存在不作为情形。

审理结果

行政复议机关根据《中华人民共和国行政复议法》第 28 条第 1 款第 2 项的规定，责令某市人民政府依法作出答复。

典型意义

坚持依法治国、依法执政、依法行政共同推进，法治国家、法治政府、法治社会一体建设。在这其中，法治政府建设是重点任务和主体工程，要率先突破。而政府信息公开则是依法行政，建设法治政府的重点领域之一，体现了公众对权力的监督，更体现了国家的法治化程度。通过申请政府信息公开，人民群众依法获取相关信息，为促进政府职能转变、建设法治政府，发挥了积极作用。但在政府信息公开过程中，仍然存在着极个别单位故意不予受理、不予答复等违法行为。这不仅不利于依法行政，更会伤害到人民群众对法治政府的信心。因此政府信息公开要及时、准确，这是法律对行政机关提出的要求。在政府信息公开过程中，行政机关围绕政府信息公开，既要告知公众清晰明确的申请途径，也要在收到政府信息公开申请后，根据职权职责，妥善回应好申请人的请求，这也是提升公共服务水平的内在要求。在行政机关收到政府信息公开申请后，就要根据政府信息公开的要求，及时、准确地响应申请人的请求，不能"哑口无言"，也不能"束手无措"。公开透明是法治政府的基本特征，深化政府信息公开的过程，也是推进法治政府建设的过程。对于这种不作为，行政复议机关的审查就显得尤为重要，通过对个案的审理，提升行政机关工作人员运用法治思维处理事务的能力。

案例四十五　吴某不服陕西省自然资源厅政府信息公开案

申 请 人　吴某

被申请人　陕西省自然资源厅

关键词

政府信息公开　检索义务　过程性信息　职权法定　行政征收

审理要旨

1. 在政府信息公开行政复议案件中，被申请人以经检索后未查到相关政府信息为由，不予公开的。行政复议机关应当审查被申请人是否尽到了充分合理的查找、检索义务。判断是否尽到充分合理的查找、检索义务应当考虑以下几个方面：其一，检索的范围是否全面。其二，检索的方法是否适当。其三，检索的流程是否完备。其四，检索的时间是否准确等。

2. 建设有为政府，并不是要求政府在政府信息公开中对申请人每一项申请都予以公开，只有申请人申请的事项符合全部法律要件时，行政机关才负有公开义务。即只有当申请人的信息描述能够使行政机关判断其指向了一个或数个特定的政府信息时，此时才能视为"有具体的政府信息请求"。

3. 职权法定通常是指任何行政职权的来源与行使都必须具有明确的法律依据。政府信息公开的主体不仅包括制作该政府信息的行政机关，也包括保存该政府信息的行政机关，此外制作或者最初获取相关政府信息的行政机关也有公开政府信息的职责。同时过程性行为并不属于行政复议的受案范围，但当过程性行为对申请人的权利义务产生实质性影响时，则属于行政复议的范围。

基本案情

2022 年 7 月 25 日，申请人吴某向被申请人陕西省自然资源厅申请公开政府信息，内容为："某县某公司在某县某镇某村实施光伏项目的征地批复文件、土地转用文件、用地审批手续、补偿费用管理及使用情况文件、土地出让收入及使用情况文件等信息"。被申请人于当日收到申请书后，经检索未查到具体政府信息，遂作出《政府信息公开告知书》，告知申请人对申请内容作出更改、补充，明确所需土地征收批复文件的文号、年度批次、发文时期等具体信息，并告知申请人若确不掌握上述具体信息的，可向属地某县自然资源局申请查询，根据查询结果也可以直接向其申请公开。该告知书于2022年8月11日送达申请人后，申请人不服，提起行政复议申请。

焦点问题分析

本案的焦点问题有三个：一是被申请人是否尽到了充分合理的查找、检索义务；二是被申请人是否能够要求申请人补充土地征收批复文件的文号、年度批次、发文时期等具体信息；三是被申请人告知申请人向区县自然资源局查询相关信息是否违反职权法定。

（一）关于被申请人是否尽到了充分合理的查找、检索义务的问题

《中华人民共和国政府信息公开条例》第36条第4项，经检索没有所申请公开信息的，告知申请人该政府信息不存在。由此可见，被申请人在收到申请人的政府信息公开申请后，应当尽到充分合理的查找、检索义务。如果政府信息公开机关没有尽到充分合理的查找、检索义务，而告知申请人其所申请的政府信息不存在，这一行为便属于履职不尽责，应当承担相应的责任。因此，在其中如何证明被申请人切实尽到了充分合理的查找、检索义务，是明确被申请人是否存在履职不尽责行为的关键所在。判断是否尽到充分合理的查找、检索义务应当考虑以下几个方面：其一，检索的范围是否全面。其二，检索的方法是否适当。其三，检索的流程是否完备。其四，检索的时间是否准确等。因此，行政复议机关应当通过多种方面来判定被申请人是否尽到了充分合理的查找、检索义务。除此之外，在行政复议过程中，在申请人提交了该政府信息系由被申请人制作或者保存的相关线索等初步证据后，若被申请人不能提供相反证据，并证明自己已经尽到充分合理的查找、检索义务的，行政复议机关应当不予支持被申请人有关政府信息不存在的观点。也就是，行政机关以信息不存在为由拒绝提供政府信息的，应当证明其已经尽

到了合理检索义务。此外，申请人对于信息内容的描述，也不能苛刻其必须说出政府信息的规范名称甚至具体文号。如果行政机关仅以原告的描述为关键词进行检索，进而简单答复政府信息不存在，亦属未能尽到检索义务。结合本案，被申请人在 2022 年 7 月 25 日收到申请书后，经检索未查到具体政府信息，遂作出《政府信息公开告知书》，告知申请人明确具体的申请内容。根据现有事实，无法证明被申请人尽到了充分合理的查找、检索义务，因此被申请人告知申请人，本机关未能检索到具体政府信息的行为属于履职不尽责。

（二）关于被申请人是否能够要求申请人补充土地征收批复文件的文号、年度批次、发文时期等具体信息的问题

《国土资源部办公厅关于加强省级征地信息公开平台建设的通知》规定，省级国土资源主管部门负责公开建设用地批复文件，包括国务院批准用地和省级政府批准用地文件，同时填写项目位置（按行政区具体到村）、项目名称、批复文号、批准时间等数字化信息，作为查询和市、县征地信息公开的基础。由此可见，项目位置、项目名称、批复文号、批准时间等信息都是相关职能部门录入查询系统的信息。

此外，有为政府绝不意味着公民、法人或者其他组织随便向任何一个行政机关提出任何一项请求，则该行政机关就负有履行该项特定请求的公法义务，只有当事人申请事项符合全部法律要件时，行政机关才负有公法义务。当事人提出的政府信息公开申请内容不得是毫无可确定的内容，申请事项的内容描述明晰清楚，且指引必须清楚达到令人足够辨识程度是行政机关履行拟给付政府信息的前提条件，否则将使行政机关信息搜寻漫无边际，无从进行适当的信息给付，不利于保障当事人知情权及时实现，也将导致行政资源极大浪费。只有当申请人的信息描述能够使行政机关判断其指向了一个或数个特定的政府信息时，此时才能视为"有具体的政府信息请求"。

结合本案，虽然申请人并没有提供批复文件的文号、年度批次、发文日期等信息，但申请人提供了征地地块的具体位置，已经具备了详细的查询条件，因此不能认定申请人的政府公开信息的申请不具体明确。此外，如果作为征地主体的市县级政府不公开征地依据的批复文件，作为普通民众的被征收人是很难了解到具体的批复文件的文号、年度批次、发文日期等具体信息。

综上，某省自然资源厅告知申请人补充土地征收批复文件的年号、年度批次、发文日期等具体信息的行为不仅超出了申请人的合理能力范围，也加重了政府信息公开过程中申请人的义务，更没有法律依据。

（三）关于被申请人告知申请人向区县自然资源局查询相关信息是否违反职权法定的问题

《中华人民共和国政府信息公开条例》第36条第5项规定，所申请公开信息不属于本行政机关负责公开的，告知申请人并说明理由；能够确定负责公开该政府信息的行政机关的，告知申请人该行政机关的名称、联系方式。在《自然资源部办公厅关于印发农村集体土地征收基层政务公开标准指引的通知》中明确，县（市、区）自然资源主管部门和负责农村集体土地征收的有关部门要及时将农村集体土地征收信息录入到政府网站，并共享到省级征地信息公开平台。做好省级征地信息公开平台与全国征地信息共享平台的衔接，保持信息完整性、一致性。通过各级征地信息公开平台建设，促进农村集体土地征收政务公开工作更加高效。由此可以看出，基层自然资源局虽是土地征收相关信息的制作机关，但省级自然资源部门也是相关信息的保存机关。《中华人民共和国政府信息公开条例》第10条第1款规定，行政机关制作的政府信息，由制作该政府信息的行政机关负责公开。行政机关从公民、法人和其他组织获取的政府信息，由保存该政府信息的行政机关负责公开；行政机关获取的其他行政机关的政府信息，由制作或者最初获取该政府信息的行政机关负责公开。法律、法规对政府信息公开的权限另有规定的，从其规定。结合本案，被申请人对申请人所申请的内容具有公开的职责，因此不能依据《中华人民共和国政府信息公开条例》第36条第5项规定告知申请人向区县自然资源局申请政府信息公开。

此外，2017年《中华人民共和国行政复议法》第2条规定，公民、法人或者其他组织认为具体行政行为侵犯其合法权益，向行政机关提出行政复议申请，行政机关受理行政复议申请、作出行政复议决定，适用本法。一般而言，可申请行政复议的行政行为，应当是行政主体直接设定行政相对人权利义务或者对相对人权利义务直接产生影响、对外发生法律效果的行为，也即行政管理活动的最终行政决定。一般不包括行政主体在作出最终行政决定过程中针对程序性事项所作的决定和处理。此类针对程序性事项所作的行为以及过程性行为虽具有一定法律意义，也会间接影响相对人权利义务，但它的法律效果是依附并为最终的行政决定所吸收，除非过程性行为具有独立的价值且对当事人权利义务产生重大影响。对过程性行为合法性的评价，可以在对最终的行政决定合法性评价中一并进行，过程性、程序性行为存在违法情形的，可能会导致最终的行政决定被认定为违法。结合本案，被申请人作出的《政府信息公开告知书》不仅要求申请人补充申请政府信息公开的材料，并且以未检索到具体政府信息而未公开相关政府信息。其已经对申请人的权利义务产生了实质性影响，因此《政府信息告知书》并不仅仅属于过程性信息。

审理结果

行政复议机关根据《中华人民共和国行政复议法》第 28 条第 1 款第 3 项的规定，决定撤销陕西省自然资源厅作出的《政府信息公开告知书》，责令重新作出行政行为。

典型意义

坚持依法行政是加快建设法治政府的核心内容。各级政府能否做到依法行政，关系党和政府的形象和公信力。行政机关树立"权为民所用、利为民所谋、情为民所系"的观念，带头做到"有权必有责、用权受监督、执法有规范、违法要追究"，提高依法行政的自觉性和主动性，为人民掌好权、用好权、把好关。行政机关坚持依法行政首先要坚持尽职尽责。要加强行政机关的担当之心、担当之本和担当之责。此外，与行政机关的积极作为相比，行政机关的不作为会危害我国行政部门的公信力以及行政效率，同时，行政不作为更容易成为滋养腐败的温床，行政不作为侵犯的是行政相对人平等的程序权利。建设有为政府，就是要明确政府应该做什么、不应该做什么。政府依法全面履行职责，是法治政府建设的基本要求。建设有为政府，更好发挥政府作用，就是要求政府全面履责、为所应为，把自己职责范围内的事情管理得更好。行政机关要坚持法定职责必须为，勇于负责、敢于担当，坚决纠正不担当、不作为，坚决克服懒政、怠政，坚决惩处失职、渎职。依法行政，要求行政机关履职要遵照法律的规定，严格依法办事。宏观上，要求每个行政行为要有法律依据，不能随意创设、实施行政行为；微观上，行政行为的作出程序要符合法条具体的规定，既不能犯错误，也不能有瑕疵，更不能违背立法本意履行职责。行政复议机关对案件实质审查，认定被申请人行为违法，发挥了行政复议有错必纠的作用，维护了政府的公信力。

案例四十六　吴某不服某市人民政府不履行政府信息公开职责案

申　请　人　吴某
被申请人　某市人民政府

关键词

政府信息公开　不作为　要式性　举证责任

审理要旨

1. 行政机关在作出答复时，应当依照法律、法规的规定，按照法定形式作出。如若行政机关作出的答复不符合法定形式，则行政机关有可能构成不作为。

2. 行政不作为，亦称"不作为违法"或"消极违法"行为。其是基于公民、法人或其他组织的符合条件的申请，行政机关依法应该实施某种行为或履行某种法定职责，而行政机关无正当理由却拒绝作为的行政违法行为。

基本案情

2022 年 7 月 24 日，申请人吴某向被申请人某市人民政府申请公开政府信息，内容为："依法申请公开某县某公司实施光伏项目的征地批复文件、土地转用文件、用地审批手续、补偿费用管理及使用情况文件、土地出让收入及使用情况文件等信息。"被申请人于 2022 年 7 月 25 日收到该申请书。但截至申请人提起行政复议，被申请人仍未向申请人公开相关政府信息。申请人不服，提起行政复议申请。此外，被申请人主张于 2022 年 8 月 1 日向申请人作出《政府信息公开申请补正告知书》，但无邮寄凭证，也无申请人收到告知书的证据。

焦点问题分析

本案的争议焦点有两个：一是被申请人作出的《政府信息公开申请补正

告知书》是否需要遵守要式性；二是被申请人的行为是否构成不作为。

（一）关于被申请人作出的《政府信息公开申请补正告知书》是否需要遵守要式性的问题

《中华人民共和国政府信息公开条例》第 30 条规定，政府信息公开申请内容不明确的，行政机关应当给予指导和释明，并自收到申请之日起 7 个工作日内一次性告知申请人作出补正，说明需要补正的事项和合理的补正期限。答复期限自行政机关收到补正的申请之日起计算。申请人无正当理由逾期不补正的，视为放弃申请，行政机关不再处理该政府信息公开申请。从中可以看出，虽然该条并没有规定行政机关对申请人作出补正答复时的法定形式，但根据执法实践和体系解释，行政机关一般在作出补正答复时存在两种情形，一是当面口头一次性告知当事人需要补正的事项。二是通过书面形式一次性告知当事人需要补正的事项。在这其中，口头补正通知可以起到补正程序的作用，但是有可能存在证据效力瑕疵。正式的补正程序，必须通过书面方式实施。同时《陕西省政府信息公开规定》第 13 条第 5 项规定，公开人收到申请后，根据下列情况给予书面答复：申请要求不明确的，应当告知申请人更改、补充申请。此外在《陕西省人民政府办公厅关于印发政府信息公开答复示范文本的通知》中，专门规定了"政府信息公开申请补正告知书"的书面格式，并规定了其适用情形包括政府信息公开申请内容指向不明确，难以确定具体的政府信息等。由此可见，行政机关在对申请人进行答复时，应当通过书面方式予以答复。

此外，《中华人民共和国行政复议法》第 28 条第 1 款第 4 项规定，被申请人不按照本法第 23 条的规定提出书面答复、提交当初作出具体行政行为的证据、依据和其他有关材料的，视为该具体行政行为没有证据、依据，决定撤销该具体行政行为。由此可见，被申请人在行政复议过程中，即使提出了主张，但如果不按照法律规定提交相关证据、依据和其他有关材料的，应当视为被申请人作出行政行为没有证据、依据。结合本案，被申请人主张其于 2022 年 8 月 1 日向申请人作出了《政府信息公开申请补正告知书》，但其无法出示邮递凭证，更无法提供申请人收到该告知书的有关证据。因此应当不予支持被申请人所作出的《政府信息公开申请补正告知书》的行为。

（二）关于被申请人的行为是否构成不作为的问题

《中华人民共和国政府信息公开条例》第 33 条第 2 款，行政机关不能当场答复的，应当自收到申请之日起 20 个工作日内予以答复；需要延长答复期限的，应当经政府信息公开工作机构负责人同意并告知申请人，延长的期限最长不得超过 20 个工作日。由此可见，行政机关应当在法定期限内向申请人答复。与此相对应的便是不作为，即行政主体及其工作人员有积极实施行政行为的职责和义务，应当履行而未履行或拖延履行其法定职责的状态。所谓行政中的"不作为"行为，是基于公民、法人或其他组织的符合条件的申请，行政机关依法应该实施某种行为或履行某种法定职责，而行政机关无正当理由却拒绝作为的行政违法行为，亦称"不作为违法"或"消极违法"行为。结合本案，被申请人在 2022 年 7 月 25 日收到申请人的申请书后，直到申请人提起行政复议时，被申请人仍未向申请人公开相关政府信息。因此被申请人属于不作为。

审理结果

行政复议机关根据《中华人民共和国行政复议法》第 28 条第 1 款第 2 项的规定，责令某市人民政府依法作出答复。

典型意义

依法行政是依法治国基本方略的重要内容，是指行政机关必须根据法律法规的规定设立，并依法取得和行使其行政权力，对其行政行为的后果承担相应的责任。行政是具有积极性和前瞻性的国家行为，虽然受法律的约束，但仍然有以自己的决定及构想从事活动的空间。在法律规范密度较低的行政领域，更加需要政府发挥积极性和前瞻性的作用，为其所能为。政府信息公开应当遵循依法行政的基本原则。政府信息公开兼具行政管理和服务社会两大职能。管理针对的是政府信息公开机关，约束的是行政机关在政府信息公开事务中的行为；服务针对的是公众，向公众提供了获取政府信息的便捷途径。因此，政府信息公开机关在履职时，要认识到政府信息公开的公共服务特性。申请人缺乏有效要件，也应按照具体的法条规定，以法律规定的程序告知申请人补正。依法行政的本质是有效制约和合理运用行政权力，它要求一切国家行政机关和工作人员都必须严格按照法律的规定，在法定职权范围内，充分行使管理国家和社会事务的行政职能，做到既不失职，又不越权，更不能非法侵犯公民的合法权益。行政机关必须坚持在法定职权范围内活动，严格依照法定权限履行职责。在依法行政过程中，行政机关不仅需要依照法律、法规作出行政行为，其作出的行政行为更需要符合法定形式。

案例四十七　某公司不服某县财政局信息公开行政不作为案

申 请 人　某公司

被申请人　某县财政局

关键词

政府信息公开　行政不作为　过程性信息

审理要旨

1. 政府信息是否属于过程性信息，关键是看信息形成时是否属于过程性信息。其特点是过程性和非终局性，不能仅仅根据信息的名称来判断是否属于"过程性信息"。行政机关在履行行政管理职能过程中形成的讨论记录、过程稿、磋商信函、请示报告，以及处于行政机关讨论、研究或者审查中的信息，如具有过程性和非终局性，对外不直接产生约束力，对申请人的权利义务不直接产生实质影响的，则属于过程性信息，行政机关可以不予公开。

2. 如果确定该申请事项不属于"过程性信息"，则被申请人存在行政不作为的行为，复议机关应依法责令其履行义务。

基本案情

申请人称：2019 年 12 月 10 日采用邮寄方式向被申请人提出了政府信息公开申请，请求被申请人依法公开 2018 年 9 月接收某县自然资源局没收的建筑物及其设施的收入管理及资产处置审批程序等相关政府文件，并要求被申请人依法出具书面答复，提供相关材料的复印件。被申请人于 2019 年 12 月 11 日收到了该申请，但未按照《中华人民共和国信息公开条例》规定的时限向申请人公开答复，也未告知延长答复的期限，属于典型的不履行法定职责的行政不作为行为。故申请人请求：①依法确认某县财政局不履行法定职责的行政不作为行为违法。②依法责令某县财政局对某县建材公司申请的政府信息公开作出行政行为。

被申请人称：①申请人于 2019 年 12 月 10 日向被申请人提出政府信息公开申请，根据《某县人民政府关于接收管理和处置违法用地地上建筑物及其他设施的通知》，按照县政府有关秦岭违建整治罚没资产处理程序和《关于非法占地上的建筑物及其他设施移交函》的要求，被申请人接收某县自然资源局移交的某公司罚没资产。按照《中华人民共和国政府信息公开条例》第 16 条第 2 款规定，"行政机关在履行行政管理职能过程中形成的讨论记录、过程稿、磋商信函、请示报告等过程性信息以及行政执法案卷信息，可以不予公开……"该行为是行政内部管理程序，不属于公开事项，故在法定期间内未作回复。②申请人要求确认本机关行为违法并对申请事项进行公开，缺乏法律依据。

焦点问题分析

本案焦点问题在于申请人要求公开的信息是否属于"过程性信息"，如果是，被申请人可以不予公开；如果不是，被申请人应当及时公开，否则就是行政不作为。本案中申请人认为案涉文件不属于"过程性信息"，应当予以公开；被申请人则认为案涉文件是行政内部管理程序，不对外独立发生效力，对申请人的权利义务不产生实际影响，可以不予公开。

政府信息是否属于过程性信息，关键是看信息形成时是否属于过程性信息。其特点是过程性和非终局性，不能仅仅根据信息的名称来判断是否属于"过程性信息"。如具有过程性和非终局性，对外不直接产生约束力，对申请人的权利义务不直接产生实质影响的，则属于过程性信息，行政机关可以不予公开。本案中，被申请人接收申请人被没收的建筑物及其设施的收入管理及资产处置审批程序实际上对申请人的权利义务产生了实质影响，因此不属于"过程性信息"。

审理结果

经查明，自 2019 年 12 月 10 日被申请人收到申请人申请至 2020 年 1 月 17 日县政府收到申请人行政复议申请期间，被申请人对申请人未做任何回复，被申请人对此事实认可。县政府认为，被申请人收到申请人的政府信息公开申请后，按照《中华人民共和国政府信息公开条例》第 33 条和第 36 条中关于收到政府信息公开申请后办理时限和处理方式要求，未对申请人的申请作出明确的回复，违反了《中华人民共和国政府信息公开条例》之规定。根据《中华人民共和国行政复议法》第 28 条第 1 款第 2 项之规定，县政府决定：责令被申请人自收到本决定书之日起 20 个工作日内向申请人做出书面答复。

典型意义

《中华人民共和国政府信息公开条例》的主要立法目的是保障公民、法人和其他组织合法的知情权，充分发挥政府信息对生产、生活的服务作用。同时，也需兼顾行政机关资源的有限性和内部决策的相对独立性。具体到过程性政府信息的公开方面，应当以"公开为常态，不公开为例外"的原则，尽可能保障群众的知情权。

应当严格把握过程性信息的基本特征，即非正式性、不准确性和未完成性，对于最终行政行为尚未完成，公开可能对行政机关独立作出行政行为产生不利影响的信息，可以不予公开。对于最终行政行为已经作出，被申请公开的信息的效力已经确定，此时应当从保护行政机关内部之间坦率的意见交换、意见决定的中立性，或者公开该信息具有危害公益的危险角度，去决定信息是否可以不予公开。对相关业务数据和事务记录性信息，不能将之归为过程性信息，原则上应予公开。

政府工作部门应高度重视政府信息公开工作，以本案为鉴，今后办理政府信息公开答复过程中，对是否属于不予公开的情形要严格对照《中华人民共和国政府信息公开条例》的规定进行判定，严格规范答复行为，及时对申请人提交的信息公开申请依法作出书面答复。同时要审查公开过程中是否存在遗漏申请事项，及时纠正不全面、不正确履行政府信息公开义务的行为，不断加强对工作人员法律专业知识的培训，不断提升工作服务能力和群众满意度，保障人民群众依法获取政府信息的权利。

案例四十八　某厂不服某省交通运输厅不履行政府
信息公开职责案

申 请 人　某厂

被申请人　某省交通运输厅

关键词

政府信息公开　告知期限　过程性信息

审理要旨

1. 根据《中华人民共和国政府信息公开条例》规定，行政机关收到政府信息公开申请，能够当场答复的，应当当场予以答复。行政机关不能当场答复的，应当在法定期限内给予答复。行政机关超期答复的，及上述规定。

2. 《中华人民共和国政府信息公开条例》第 16 条第 2 款规定"过程性信息"行政机关可以不予公开。但判断申请公开的信息是否具有过程性，行政机关切忌仅根据名称或标题作出判断，而是应当对申请公开的信息内容进行实质审查。

基本案情

2019 年 12 月 12 日，申请人某厂向被申请人某省交通运输厅邮寄《政府信息公开申请表》，申请公开"某高速公路（某段）建设项目施工许可文件及其配套的施工范围图"。2019 年 12 月 25 日，被申请人收到申请人的政府信息公开申请。2020 年 1 月 20 日被申请人作出《关于某厂申请政府信息公开延期答复告知书》，称"需延期答复，最晚不超过 2020 年 2 月 25 日"。2020 年 3 月 5 日，被申请人作出《关于某厂申请政府信息公开告知书》，称由于施工范围图为过程性资料，根据《中华人民共和国政府信息公开条例》第 16 条第 2 款规定不适合予以信息公开，本次不予提供。该信息公开告知书于 2020 年 3 月 7 日邮寄送达申请人。申请人于 2020 年 3 月 11 日签收。申请人对此不服，向复议机关提出行政复议申请。

焦点问题分析

本案焦点问题包括：一是被申请人作出《关于某厂申请政府信息公开答复告知书》是否违法；二是申请人申请公开的信息是否属于过程性信息。

（一）关于被申请人作出《关于某厂申请政府信息公开答复告知书》违法的问题

《中华人民共和国政府信息公开条例》第 33 条规定行政机关收到政府信息公开申请，能够当场答复的，应当当场予以答复。行政机关不能当场答复的，应当自收到申请之日起 20 个工作日内予以答复；需要延长答复期限的，应当经政府信息公开工作机构负责人同意并告知申请人，延长的期限最长不得超过 20 个工作日。申请人于 2019 年 12 月 12 日邮寄政府信息公开申请表，被申请人于 2019 年 12 月 25 日收到该政府信息公开申请，于 2020 年 1 月 20 日作出延期告知书，决定延期最晚不超过 2020 年 2 月 25 日，但直至 2020 年 3 月 5 日才作出政府信息公开告知书，违反上述规定，程序违法。

（二）申请人申请公开的信息是否属于过程性信息的问题

《中华人民共和国政府信息公开条例》第 16 条第 2 款规定"行政机关在履行行政管理职能过程中形成的讨论记录、过程稿、磋商信函、请示报告等过程性信息以及行政执法案卷信息，可以不予公开。"司法部《关于审理政府信息公开行政复议案件若干问题的指导意见》第 8 条规定被申请人答复政府信息不予公开的，行政复议机关应当重点审查下列事项：申请公开的政府信息是否属于被申请人在履行行政管理职能过程中形成的讨论记录、过程稿、磋商信函、请示报告四类过程性信息。"过程性信息"的特点是过程性和非终局性，如具有过程性和非终局性，对外不直接产生约束力，对申请人的权利义务不直接产生实质影响的，则属于过程性信息，行政机关可以不予公开。根据《公路建设市场管理办法》第 19 条、第 20 条规定，施工图设计文件属于交通运输主管部门在履行行政管理职能过程中获取、保存的信息，不属于过程性资料。被申请人决定不向申请人提供，违反了上述规定。

审理结果

根据《中华人民共和国行政复议法》第 28 条第 1 款第 3 项之规定，行政复议机关决定撤销某省交通运输厅作出的信息公开告知书，责令被申请人在法定期限内对申请人的政府信息公开申请重新作出答复。

典型意义

现代法治中公平正义的实现，要始终坚持程序公正与实体公正并重。行政机关在依法行政过程中，不能不重视甚至忽略程序规定，要摒弃认为只要结果正确，程序就可以忽略的思想。遵循程序既可以确保行政机关的行为合法和公正使其在执行职权时不会越权或滥用职权，从而维护了社会公平和正义。遵循程序也可以保证公民、企事业单位及其他组织的合法权益得到有效保护。例如，行政机关在作出行政决定或采取行政行为前，需要听取当事人的意见、进行公开听证等程序，以确保当事人的合法权益得到充分考虑和维护。行政机关只有严格按照程序法定原则，依法行政，工作才更有公信力，才能给行政相对人更好的正义观感。

与此同时，信息公开作为现代社会文明的产物，已深入人心，是公民作为国家的主人，参与社会管理，保障其合法权益的有力武器。政府信息公开可以让公众了解政府的决策过程、政策措施以及行政运作情况，增加政府的透明度，有助于防止腐败、滥用职权等行为的发生，提高政府的廉洁性和效能，同时也增加了公众对政府的信任度。当然，并非所有政府信息都必须公开，过程性信息不予公开是信息公开的保留领域，在判断过程性信息时，不应将其孤立起来，应将其置于整个社会发展和管理层面进行考量，区分信息产生和存在的时间阶段以及信息的功能等因素，以及公开信息是否可能造成特定人员的获益或者损害，在综合判断的基础上决定公开与否。

案例四十九　王某不服某市人民政府信息公开案

申 请 人　王某

被申请人　某市人民政府

关键词

政府信息公开　公开主体　高效便民

审理要旨

《中华人民共和国政府信息公开条例》第4条规定，各级人民政府及县级以上人民政府部门应当建立健全本行政机关的政府信息公开工作制度，并指定机构负责本行政机关政府信息公开的日常工作。申请人向某市人民政府提出政府信息公开申请，某市人民政府政府信息公开工作机构应当按照政府信息公开条例的规定依法处理，直接由其下属派出机构答复，不符合政府信息公开条例的规定和立法本意。

基本案情

申请人于2022年5月13日通过中国邮政向被申请人申请公开《某村城市更新综合改造项目拆迁测绘成果图》，以及针对某村城市更新综合改造项目以某市政府名义发布的土地征收预公告。某市人民政府收到该政府信息公开申请后，转交下属某管理委员会办理，某管理委员会作出《政府信息公开告知书》，向申请人公开了《某村城市更新综合改造项目拆迁测绘成果图》和《土地征收预公告》。申请人认为公开的《某村城市更新综合改造项目拆迁测绘成果图》模糊不清，《土地征收预公告》与申请不符。申请人不服，申请行政复议。

焦点问题分析

本案焦点问题在于：一是申请人向某市人民政府提出政府信息公开申请，应当由谁进行处理；二是行政复议机关在作出复议决定时如何体现高效便民原则。

（一）申请人提出政府信息公开申请由谁处理的问题

《中华人民共和国政府信息公开条例》第 2 条规定："本条例所称政府信息，是指行政机关在履行职责过程中制作或者获取的，以一定形式记录、保存的信息。"第 54 条规定："法律、法规授权的具有管理公共事务职能的组织公开政府信息的活动，适用本条例。"依照上述规定，能否成为政府信息公开的主体必须同时符合两个条件：一是行政机关或者法律、法规授权的具有管理公共事务职能的组织；二是信息的制作者或者保存者。王某申请公开的《土地征收预公告》虽由该案中某管理委员会制作并保存，但申请人申请公开的主体是某市人民政府，根据《中华人民共和国政府信息公开条例》第 36 条第 5 项，"所申请公开信息不属于本行政机关负责公开的，告知申请人并说明理由；能够确定负责公开该政府信息的行政机关的，告知申请人该行政机关的名称、联系方式"，被申请人认为申请人政府信息公开申请的内容属于其下属单位公开职责范围，应当按照政府信息公开条例的规定，告知申请人。某市人民政府径行由其下属派出机构作出答复，属处理不当。

（二）行政复议机关在作出复议决定时高效便民原则的体现的问题

高效便民是指行政机关能够依法高效率、高效益地行使职权，在处理事务和服务过程中，要尽量节约时间和精力，为人民提供快捷、高效、便利的服务和解决方案，最大程度地方便人民群众。《中华人民共和国行政复议法》第 28 条第 1 款第 3 项规定"具体行政行为有下列情形之一的，决定撤销、变更或者确认该具体行政行为违法；决定撤销或者确认该具体行政行为违法的，可以责令被申请人在一定期限内重新作出具体行政行为……"本案中，某管理委员会已经向申请人公开了其所申请公开的信息，保障了申请人的权利。从便利人民群众的角度看，行政复议机关无需再责令某市人民政府重新答复。

审理结果

依据《中华人民共和国行政复议法》第 28 条第 1 款第 3 项的规定，复议机关决定：确认某市人民政府对王某政府信息公开申请的处理违法。

典型意义

让政务公开透明，既是党中央、国务院的要求，也是人民群众的期待。《中华人民共和国政府信息公开条例》颁布实施后，要求行政机关以主动公开为常态，更是对政府信息公开工作提出了更高要求。针对群众的政府信息公开申请，一方面，各级行政机关要认真研究，依法答复，确保人民群众的知情权得到保障，依法推进政务公开工作，打造阳光政府。另一方面，行政机关应当积极履行法定职责，禁止不作为或不完全作为，对于应当告知相对人的，应及时告知，体现行政效率。同时，行政机关在行使职能时，在合法的前提下要不断提高办事的效率，不得对申请事项进行无故拖延，从人性化的角度出发，为申请人提供优质便捷的服务，提高办事的效率，从而获取更大的社会效益。

此外，行政复议机关应建立健全与各相关部门之间的信息共享与协作机制，及时与申请人沟通交流，解答疑问，并协调相关部门进行调查核实，确保行政复议案件能够得到及时、准确的处理和决定，提高办理效率。

八、行政批复

案例五十　胡某等不服陕西省发展和改革委员会行政批复案

申 请 人　胡某等

被申请人　陕西省发展和改革委员会

关键词

城乡规划　申请人资格　利害关系　行政批复

审理要旨

1. 从发展和改革委员会对政府投资项目的审批行为来看，其审批行为是对投资项目的核准和备案，其主要目的是根据维护经济安全、合理开发利用资源、保护生态环境、优化重大布局、保障公共利益等原则，来判断某一项目是否应予审批、核准或备案。

2. 没有相关法律规定要求发展改革部门必须保护或者考量项目用地范围内的土地使用权人权益保障问题。发展和改革委员会在作出项目审批行为时，无需审查项目用地范围内的征地拆迁、补偿安置等事宜，同时也无需考虑项目用地范围内单个土地、房屋等权利人的土地使用权和房屋所有权的保护问题。

基本案情

2017 年 11 月 15 日，某高速公路工程风险稳评责任部门提交的社会稳定风险评估结论为：低风险，准予实施。11 月 22 日，某市县两级维稳部门对该社会稳定风险评估进行备案登记。11 月 23 日，陕西省发展和改革委员会批准同意了某高速公路工程节能报告。

2018 年 2 月 1 日，陕西省国土资源厅经审查认为，某高速公路工程建设项目符合国家产业政策和供地政策，符合国家公路工程项目建设用地标准，原则同意通过用地预审。5 月 31 日，陕西省住房和城乡建设厅就某高速公路工程建设项目出具选址意见：经审核，本建设符合城乡规划要求，原则同意项目选址。

2018 年 7 月 24 日，陕西省交通运输厅向陕西省发展和改革委员会提交函称，某高速公路工程用地预审、规划选址、社会稳定风险评估等前置手续均已获批，根据可行性研究报告及专家审查意见，将修改完善后的可行性研究报告报送，请求尽快核准。9 月 30 日，陕西省发展和改革委员会就陕西省交通运输厅的函报作出《某高速公路工程建设项目批复》，核定某高速公路工程建设项目估算总投资 123 亿元，交通部分估算投资 115 亿元，其中征地拆迁费用由某市人民政府承担，其余建设资金由项目法人筹措解决。

胡某等人认为陕西省发展和改革委员会关于《某高速公路工程建设项目批复》行为违反《中华人民共和国行政许可法》第 36 条、第 47 条的规定，申请行政复议，请求撤销该行政批复。

焦点问题分析

本案的争议焦点在于胡某等人与高速公路项目核准批复行为是否有利害关系。

《中华人民共和国行政复议法》第 9 条第 1 款规定，公民、法人或者其他组织认为具体行政行为侵犯其合法权益的，可以自知道该具体行政行为之日起 60 日内提出行政复议申请；但是法律规定的申请期限超过 60 日的除外。因其中有"认为"两字，故可以解释为行政复议申请人资格是一种主观判断标准，公民、法人或者其他组织只要认为被申请人行政行为"违法"，就有权申请行政复议。《中华人民共和国行政复议法实施条例》第 28 条第 2 项规定，行政复议申请符合下列规定的，应当予以受理：申请人与具体行政行为有利害关系。这就要求申请人不仅主观上要认识到行政行为"违法",客观上也需要与该行政行为有利害关系。同时《中华人民共和国行政许可法》第36条规定,行政机关对行政许可申请进行审查时,发现行政许可事项直接关系他人重大利益的,应当告知该利害关系人。所谓"利害关系"仍应限于法律上的利害关系,不宜包括反射性利益受到影响的公民、法人或者其他组织。上述法律上的利害关系,一般也仅指公法上的利害关系;除特殊情形或法律另有规定,一般不包括私法上的利害关系。只有主观公权利,即公法领域权利和利益,受到行政行为影响,存在受到损害的可能性的当事人,才与行政行为具有法律上利害关系,才形成了行政法上权利义务关系。

根据行政执法和司法实践,将法律规范保护的权益与请求权基础相结合,具有较强的实践指导价值。即以行政机关作出行政行为时所依据的行政实体法和所适用的行政实体法律规范体系,是否要求行政机关考虑、尊重和保护申请人申请保护的权利或法律上的利益,作为判断是否存在公法上利害关系的重要标准。从发改委对政府投资项目的审批行为来看,其审批行为是对投资项目的核准和备案,其主要目的是根据维护经济安全、合理开发利用资源、保护生态环境、优化重大布局、保障公共利益等的原则,来判断某一项目是否应予审批、核准或备案。根据《国务院关于投资体制改革的决定》(国发〔2004〕20号)、《中央预算内直接投资项目管理办法》《政府核准投资项目管理实施办法》等规定,其中没有相关法律规定要求发展改革部门必须保护或者考量项目用地范围内的土地使用权人权益保障问题。

根据上述规定,我们得知,发改委在作出项目审批行为时,无需审查项目用地范围内的征地拆迁、补偿安置等事宜,同时也无需考虑项目用地范围内单个土地、房屋等权利人的土地使用权和房屋所有权的保护问题。

因此,项目建设涉及的土地使用权人或房屋所有权人与项目审批行为不具有利害关系,也不具有行政法上的权利义务关系。

审理结果

申请人不是该行政批复的利害关系人,不具有申请行政复议的主体资格。行政复议机关决定:驳回申请人提出的行政复议申请。

典型意义

判断行政复议申请人有无利害关系需要参考以下几个方面：一是当事人诉请保护的权益是否有实体法依据。对此，我们可以将法律规范保护的权益与请求权基础相结合，即考虑行政机关作出行政行为时所依据的行政实体法和所适用的行政实体法律规范体系，是否要求行政机关考虑、尊重和保护原告诉请保护的权益。具体到实践中，可利用多种解释方法寻找规范涵摄的范围、保护的目的；二是该权益是否受到行政行为的影响。对该行政行为的合法性判断，主要依据行政机关在其职权范围内所应用的行政实体法，这也就要求当事人之诉求应属于该实体法保护范畴；三是这种影响可能使当事人受到损害；四是二者之间是否存在法律上已经明确的利害关系。行政复议既要保护相对人的合法权益，又要防止行政复议申请权的滥用，应该科学确定申请人的资格。

在新时代新征程扎实推进依法行政，关键是要抓住重点任务，推动依法行政和法治政府建设不断取得新进展。各级政府必须严格依法办事，做到法无授权不可为、法定职责必须为。理顺部门职责关系、优化政府组织结构，使机构设置更加科学、职能更加优化、权责更加协同，着力构建边界清晰、分工合理、权责一致、运行高效、法治保障的政府机构职能体系。完善政府经济调节、市场监管、社会管理、公共服务、生态环境保护等职能，厘清政府和市场、政府和社会关系，持续优化法治化营商环境，推动有效市场和有为政府更好结合，行政机关必须坚持依法行政，审慎作出行政决策。行政决策是行政权力运行的起点，行政决策尤其是重大决策行为往往直接关系到人民群众切身利益、国计民生。要严格落实重大行政决策程序制度，严格遵循公众参与、专家论证、风险评估、合法性审查、集体讨论决定等法定程序，切实防止违法决策、不当决策、拖延决策，确保决策制度科学、程序正当、过程公开、责任明确。本案行政复议机关支持被申请人的行政行为，不仅有助于该项目的顺利进行，也及时地回应当事人诉求，围绕人民关心的、关注的、关切的问题依法行使权力，自觉接受人民监督，依法保障人民群众利益。

案例五十一　许某等不服陕西省人民政府行政批复案

申 请 人　许某等
被申请人　陕西省人民政府

关键词

土地征收程序　申请征收土地　前置程序　行政批复

审理要旨

2019 年修正的《中华人民共和国土地管理法》第 47 条对土地征收程序进行了调整，将原来的"告知、确认、听证"程序调整为"调查、评估、公告、听证、登记、签订协议"程序。相关前期工作完成后，县级以上地方人民政府方可申请征收土地。征收集体土地应当严格按照《中华人民共和国土地管理法》第 47 条的规定，县级以上地方人民政府申请征地前，应当做好调查、评估、公告、听证、登记、签订协议等前期工作，然后逐级层报至有权批准的国务院或省级人民政府审批。

基本案情

2019 年，某市人民政府发布征收土地与告知书，按照土地年度利用计划，拟征收某市某区某村集体土地。2020 年 4 月 22 日，经某市人民政府同意，某市自然资源部门向陕西省人民政府报请征收集体土地。2020 年 7 月 14 日，陕西省人民政府作出征地批复。申请人对该征地批复不服，向陕西省人民政府申请行政复议。

焦点问题分析

本案焦点问题在于陕西省人民政府作出征地批复是否合法。

2020 年 1 月 1 日施行的《中华人民共和国土地管理法》第 47 条规定："国家征收土地的，依照法定程序批准后，由县级以上地方人民政府予以公告并组织实施。县级以上地方人民政府拟申请征收土地的，应当开展拟征收土地现状调查和社会稳定风险评估，并将征收范围、土地现状、征收目的、补偿标准、安置方式和社会保障等在拟征收土地所在的乡（镇）和村、村民小组范围内公告至少三十日，听取被征地的农村集体经济组织及其成员、村民委员会和其他利害关系人的意见。多数被征地的农村集体经济组织成员认为征地补偿安置方案不符合法律、法规规定的，县级以上地方人民政府应当组织召开听证会，并根据法律、法规的规定和听证会情况修改方案。拟征收土地的所有权人、使用权人应当在公告规定期限内，持不动产权属证明材料办理补偿登记。县级以上地方人民政府应当组织有关部门测算并落实有关费用，保证足额到位，与拟征收土地的所有权人、使用权人就补偿、安置等签订协议；个别确实难以达成协议的，应当在申请征收土地时如实说明。相关前期工作完成后，县级以上地方人民政府方可申请征收土地。"

据此规定，县级以上人民政府拟申请征收土地前应当先做好调查、评估、公告、听证、登记、签订协议等前期工作，方可向省级人民政府提出申请，这也是《中华人民共和国土地管理法》修改后的关于征地程序方面的重大改变，而案涉征地批复作出的前期过程仍沿用的修改前的法律规定，明显属于因适用法律错误造成的重大程序违法。

审理结果

根据《中华人民共和国行政复议法》第28条第1款第3项之规定，复议机关决定：撤销陕西省人民政府作出的行政批复。

典型意义

在法律颁布实施后，行政机关应当严格按照法律规定实施经济社会管理。2019年8月26日第十三届全国人民代表大会常务委员会第十二次会议审议修改了《中华人民共和国土地管理法》，自2020年1月1日起实施。法律一经实施就应当被严格遵守，行政机关更应当严格依法行政。本案撤销陕西省人民政府作出的审批土地件，体现了陕西省人民政府严格依法行政、有错必纠的法治精神，具有较好的社会效果和示范效应。

案例五十二　王某等不服陕西省人民政府行政批复案

申 请 人　王某等

被申请人　陕西省人民政府

关键词

征地批复　申请期限　公告　知道　证据

审理要旨

1. 根据原国务院法制办《关于认定被征地农民"知道"征收土地决定有关问题的意见》（国法〔2014〕40号）的规定，行政机关出具的在被征收土地所在地的村、组内张贴公告的书面证明及视听资料；征收乡（镇）农民集体所有土地的，出具的在乡（镇）人民政府所在地张贴公告的书面证明及视听资料；被征地农民出具的证实其被征收土地已张贴公告的证言等证据；以上资料证据经查证属实的，可以作为认定依法发布了征收土地公告的证据。

2. 根据原国务院法制办《关于认定被征地农民"知道"征收土地决定有关问题的意见》（国法〔2014〕40号）的规定，申请人已经领取征收土地补偿款的，可以视为申请人在领取征收土地补偿款之日起知道征收土地决定。

基本案情

为实施城镇规划，某市人民政府拟征收某村集体土地，作为该市2010年度第二十批次建设用地。经某市人民政府同意，某市国土资源局逐级审查上报，2012年6月30日，陕西省人民政府作出征地批复，同意将上述集体土地依法征收为国有。7月10日，某市下设某开发区管委会在被征地村组所在地张贴《征收土地方案公告》《征地补偿安置方案》。上述两公告均载明征地批复的主要内容。王某等的房屋或承包地在征地批复范围内。

2022年10月13日，王某等以陕西省人民政府作出征地批复前未发布征地公告，未组织听证，剥夺了其知情权、参与权为由申请复议，请求撤销征地批复。

焦点问题分析

本案焦点问题在于征地拆迁已过 10 年，提起行政复议是否超过法定时限。

1. 被征收土地所在村村委会出具了证明，部分被征地村民出具证言，证实征地批复作出后，征收部门于 2012 年 7 月至 8 月在当地进行了公告。依照原国务院法制办《关于认定被征地农民"知道"征收土地决定有关问题的意见》（国法〔2014〕40 号）的规定，行政机关能够提供下列证据之一，经查证属实的，可以作为认定依法发布了征收土地公告的证据：行政机关出具的在被征收土地所在地的村、组内张贴公告的书面证明及视听资料；被征地农民出具的证实其被征收土地已张贴公告的证言等证据。征收土地公告有确定期限的，可以认定申请人自公告确定的期限届满之日起知道征收土地决定。可以认定王某等应当于 2012 年 8 月知道征收土地决定。

2. 2015 年 9 月 25 日，该村村民代表在王某家召开会议，通过了《征地资金分配方案》。随后，王某等领取了征地分配款。根据《关于认定被征地农民"知道"征收土地决定有关问题的意见》的规定，申请人在征收土地决定作出后有下列行为之一，经查证属实的，可以视为申请人自该行为发生之日起知道征收土地决定：已经领取了征收土地补偿款或者收到征收土地补偿款提存通知的，自领取征收土地补偿款或者收到征收土地补偿款的提存通知之日起。可以认定王某最晚于 2015 年 9 月知道征地批复。

综上，王某等于 2022 年 10 月 13 日提出行政复议申请，均已超过法定申请期限。

审理结果

根据《中华人民共和国行政复议法实施条例》第 48 条第 1 款第 2 项的规定，决定：驳回申请人提出的行政复议申请。

典型意义

在这个权利意识觉醒的时代，民众的维权意识在各种普法活动的引导下不断提高，一旦发现自己的某种权利受到侵害，就考虑通过法律途径来寻求救济。一方面，部分民众维权意识极度增强，诉诸法律愿望十分强烈；另一方面，民众对于法律知识并不是真正了解，从而可能造成权利的滥用情形。法治社会，政府必须依法办事，公民也应当依法维权。行政复议法关于申请期限的立法意旨，就是督促权利人及时行使权利，维护法律关系、社会秩序的稳定性和可预期性。因此，行政相对人应对自己权利尽到合理的注意义务，应当及时、正当、合法、有效地行使行政复议权利。怠于行使或者不正当行使权利，要承担不利的法律后果。

九、行政处理

案例五十三　某建筑工程有限公司不服某新城管理委员会行政决定案

申 请 人　某建筑工程有限公司

被申请人　某新城管理委员会

关键词

劳动监察　工资支付　举证责任　协助义务

审理要旨

在劳动用工关系案件中，用人单位具有地位优势，掌握更齐全完整的劳动用工资料，对因劳动用工关系履行过程中产生的争议，用人单位应当配合相关执法部门对争议事实予以调查，具有提供劳动用工资料配合劳动保障监察部门调查的义务。在发生拖欠工资的情况下，如用人单位未能提供劳动用工资料的，劳动保障监察部门可依据劳动者提供的凭证对拖欠工资金额予以认定，最大程度保障劳动者的权益。

基本案情

2019年8月，被申请人某新城管理委员会下属劳动保障监察大队接到陆某、简某等14人投诉申请人某建筑工程有限公司拖欠其工资，被申请人某新城管理委员会下属劳动保障监察大队依法启动调查询问程序，依照工作流程向申请人某建筑工程有限公司下发《调查询问通知书》，要求其提供该 14 人的劳动合同、工资表、考勤表、社会保险缴纳凭证、工资支付凭证等资料。因申请人未能提供相关资料，某新城管理委员会下属劳动保障监察大队向其下发《责令改正指令书》，责令其按照《调查询问通知书》的要求提供相关资料，但申请人仍未能提供。之后，被申请人某新城管理委员会下属劳动保障监察大队又陆续接到邓某、吴某等 63 人投诉申请人拖欠农民工工资，被申请人某新城管理委员会下属劳动保障监察大队重新向该公司下发《调查询问通知书》《责令改正指令书》要求提供劳动用工资料等，申请人仍未提供。

因申请人未能提供相关资料，被申请人依照《陕西省企业工资支付条例》的规定，根据劳动者提供的工资表等材料对拖欠工资金额直接认定，认定申请人某建筑工程有限公司拖欠 77 名农民工工资共计 125.22 万元，并向其下发《责令改正决定书》，责令其支付邓某、吴某等 77 人工资共计 125.22 万元。

申请人某建筑工程有限公司对该《责令改正决定书》不服申请行政复议，要求撤销被申请人作出的《责令改正决定书》。

焦点问题分析

本案争议焦点主要为：在行政执法过程中行政相对人是否负有提供相关证据的证明责任。

关于行政执法中举证责任分配合理性认定的问题，基于行政法律关系是一种不对等的法律关系，行政机关掌握强大的行政权，因此法律多将举证责任分配给了行政机关，即以行政机关承担举证责任为基本原则，以行政相对人承担举证责任为例外。行政执法过程中，什么情况下行政相对人才要承担举证责任？在行政程序中，行政相对人提出证据往往被视为一种权利，是由立法者依法设定的举证责任分配规则对行政相对人权利的保障。但在立法文本中，存在着大量的要求行政相对人协助调查、提供证明材料的一般性义务规定。此类条款往往要求行政相对人"协助调查""提供证明材料"等，予以配合，提供方便。这类规定实质上是行政相对人协助义务在证据法上的表现。由于相对人往往亲历案件事实，掌握案件证据，若仅将"提出证据"视为一种权利，即相对人不承担任何举证责任，那将意味着行政主体需要耗费大量的行政调查成本。因此，在行政执法中行政相对人本身就有依法协助承担举证责任的法律义务。

在劳动监察领域，《劳动保障监察条例》第 6 条规定，用人单位应当遵守劳动保障法律、法规和规章，接受并配合劳动保障监察；第 11 条第 6 项规定，劳动保障行政部门对用人单位支付劳动者工资和执行最低工资标准的情况实施劳动保障监察；第 15 条第 1 款第 3 项规定，劳动保障行政部门实施劳动保障监察，有权要求用人单位提供与调查、检查事项相关的文件资料，并作出解释和说明，必要时可以发出调查询问书。陕西省人大常委会制定的《陕西省企业工资支付条例》第 31 条规定，人力资源和社会保障行政部门对用人单位的工资支付情况进行监察，用人单位应当配合，如实报告情况，提供必要的资料和证明，不得拒绝或者阻挠；第 33 条规定，人力资源和社会保障行政部门在查处举报投诉用人单位侵害劳动者合法劳动报酬权益的案件时，用人单位应当在规定的期限内提供有关工资支付的凭证，逾期不能提供或者拒绝提供的，人力资源和社会保障行政部门按照劳动者提供的凭证对工资金额直接认定。基于上述规定，用人单位在行政执法过程中负有提供相关证据的证明责任。

在本案中，申请人某建筑工程有限公司拖欠劳动者工资，在经被申请人某新城管理委员会下属劳动保障监察大队多次下发《调查询问通知书》《责令改正指令书》要求其提供劳动用工资料的情况下，仍不配合被申请人某新城管理委员会下属劳动保障监察大队的调查。被申请人依据劳动者提供的凭证，对拖欠工资的数额予以认定，符合立法宗旨和执法流程。申请人某建筑工程有限公司应当承担拒不提供相关证据的不利后果。

审理结果

行政复议机关根据《中华人民共和国行政复议法》第 28 条第 1 款第 1 项之规定，决定维持被申请人作出的《责令改正决定书》。

典型意义

本案系劳动者在劳动用工关系中被拖欠工资所引发的争议，在经劳动保障监察部门介入调查后，用人单位未按照劳动保障监察部门的要求在规定期限内报送劳动用工资料，劳动保障监察部门依据劳动者提供的凭证对拖欠的工资数额予以认定。明确在行政执法过程中行政相对人的协助举证责任，能够极大程度地减少行政资源的浪费，并且能够极大地保障劳动者的合法权益，维护社会稳定，体现法治精神。复议机关在审理此类案件时，应注意发挥自身的监督和指导功能，对下级行政机关在履行行政职能过程中存在的不合理、不适当之处予以纠正，对于严格遵循法律法规、切实履行监督职责、保障当事人合法权益的行政行为予以维持，发挥引领职能，体现法治人文精神。

案例五十四　魏某不服某区市场监督管理局投诉举报处理案

申 请 人　魏某

被申请人　某区市场监督管理局

关键词

市场监督　投诉举报　及时回复　合法合理

审理要旨

投诉和举报作为一项重要权利，在保障公民权益、参与行政管理、弥补执法短板、推动依法行政等方面具有重要促进意义。然而，投诉与举报在执法实践中经常"相伴而在"，容易发生混淆，导致程序违法而对相对人的权益保障不到位，也不利于对市场秩序的有序规范。如何维护公民权益和公共利益，实现法律效果和社会效果相统一，需要全面掌握投诉举报案的处理规则。

1. 注重投诉举报"二分法"处理原则。所谓投诉举报"二分法"，是指消费者的诉求中既有投诉，又有举报的，对投诉、举报应按程序分别处理。根据《市场监督管理投诉举报处理暂行办法》的相关规定，市场监督管理部门对相对人同时提出的投诉和举报事项，应当按照相应的法律规定和程序规范，全面调查案件事实和证据，并分别作出处理，维护当事人的合法权益。

2. 行政机关在处理投诉举报事项中，应当坚持依法行政，强化程序意识和证据意识，对相对人诉求及时作出回复，不能单纯以相对人未提交证据为由不作为。对于投诉事项应注重调解，对举报事项所涉违法事实应全面审查，保障行政执法行为的实体正义与程序正义。

基本案情

2022年3月7日，申请人魏某在某生活超市购买精品西点1份、在某超市购买咸蛋黄小酥1份。2022年3月8日，申请人向被申请人邮寄投诉举报信，举报某生活超市和某超市销售不安全商品，请求被申请人依法调查处理，并将处理结果告知其本人。2022 年 3 月 10 日，被申请人收到上述投诉举报信，并于同日向申请人出具《限期提供材料通知书》，通知申请人限期提供案涉实物和小票等证据。2022 年 3 月 15 日，申请人向被申请人邮寄《情况说明》，要求被申请人依照《中华人民共和国行政处罚法》规定调查收集所需证据材料。2022 年 3 月 31 日，被申请人作出《举报不予立案告知书》，决定对申请人的举报不予立案，并于 2022 年 4 月 8 日向申请人邮寄送达告知书。申请人认为被申请人未履行法定职责，遂申请行政复议，本案现已审理终结。

焦点问题分析

本案焦点问题是，被申请人对申请人投诉举报事项处理的合法性问题。根据《市场监督管理投诉举报处理暂行办法》第 7 条规定，向市场监督管理部门同时提出投诉和举报，市场监督管理部门应当对投诉和举报予以分别处理。

1. 关于涉案投诉事项处理的合法性问题。根据《市场监督管理处理暂行办法》第 14 条、第 16 条规定，具有处理权限的市场监督管理部门，应当自收到投诉之日起 7 个工作日内作出受理或者不予受理的决定，并告知投诉人；市场监督管理部门经投诉人和被投诉人同意，采用调解的方式处理投诉。本案中，被申请人未提交受理投诉的决定或者告知投诉人受理事项的相关文书。另，申请人在投诉举报中"请求执法部门就本次购物或服务纠纷依法组织调解"，但被申请人未提交证明其履行组织调解职责的相关证据。被申请人对涉案投诉事项的处理不符合《市场监督管理投诉举报处理暂行办法》第 14 条、第 16 条的规定。

2. 关于涉案举报事项处理的合法性问题。根据《市场监督管理投诉举报处理暂行办法》第 31 条和《市场监督管理行政处罚程序规定》第 18 条、第 19 条、第 20 条、第 30 条的规定，市场监督管理部门应当按照市场监督管理行政处罚等有关规定处理举报；办案人员可以要求当事人及其他有关单位和个人在一定期限内提供证明材料或者与涉嫌违法行为有关的其他材料；市场监督管理部门通过投诉举报等途径发现的违法行为线索，应当自发现线索或者收到材料之日起 15 个工作日内予以核查，决定是否立案；举报人实名举报的，市场监督管理部门还应当自作出是否立案决定之日起 5 个工作日内告知举报人。本案中，被申请人20××年3月10日收到申请人投诉举报后，于同日通知申请人限期提供相关证据，因申请人未在通知期限内提供相关证据，被申请人于20××年3月31日作出《举报不予立案告知书》，于20××年4月8日送达不予立案告知。被申请人通知申请人限期提交证据及其他相关材料系办理案涉举报收集证据的行为，申请人虽未在规定期限内提供，但被申请人亦不能据此作出《举报不予立案告知书》，而应当对申请人举报线索在法定期限内予以核查，根据核查情况，作出立案或不予立案决定并于5日内及时告知举报人。

综上，被申请人对于申请人投诉举报事项的处理未履行法定职责，其直接作出不予立案决定违背法律规定和程序要求，不利于相对人权益保障。

审理结果

根据《中华人民共和国行政复议法》第28条第1款第3项、《中华人民共和国行政复议法实施条例》第45条之规定，行政复议机关作出以下决定：

1. 确认被申请人办理申请人投诉举报事项的行为违法；
2. 责令被申请人自收到本复议决定之日起依法对申请人投诉举报事项重新处理。

典型意义

近年来，市场监督管理领域发生大量不服投诉举报处理结果的行政争议案件，行政机关在办理投诉举报案件过程中，存在一些程序不当或者不履行法定职责等情况。行政监管部门在处理投诉举报事项中，应当坚持依法行政，对收到投诉举报材料应以及时回复为原则：一是依法依规处理投诉举报。市场监管部门作为政府的重要行政执法部门，依法行政是底线，在处理投诉举报事件的过程中必须依据法律、法规作出决定，同时必须强化程序意识和证据意识，不能随意简化处理程序。二是追求实体正义与程序正义的有机统一。执法人员在处理投诉、举报的时候，应坚持投诉举报"二分法"，这样才能思路清晰、程序分明，不容易混淆、遗漏相关告知义务，也有利于避免投诉、举报"搅成一锅粥"，防止只处理了举报而未处理投诉，或只处理了投诉而未处理举报。

案例五十五 某燃气设计院不服陕西省住建厅 不回复投诉举报案

申 请 人 某燃气设计院

被申请人 陕西省住建厅

关键词

投诉 民事纠纷 行政复议机关职责

审理要旨

投诉举报是指公民为监督、促进政府依法行政向有关行政部门反映违法行为的活动。公民、法人和其他组织在民事、商事活动中，因权利受损会向行政机关进行投诉。行政机关收到投诉后，应遵循法律法规规定的程序进行调查，并在法定的期限内作出投诉处理的决定并送达投诉人。行政复议机关审查行政投诉案件，既要审查行政机关处理投诉事项的程序，又要审查投诉处理结果是否救济了投诉人的权利，全面评价行政机关处理投诉行为的合法性。

基本案情

申请人与储气罐设计方、供应商之间协议在某县城西加气站共同试验地埋式加注站，试运行后发现储气罐内气体不能抽出，加气站无法通过安全检查投产运营，申请人遂将储气罐设计方、供应商诉至人民法院。法院作出民事判决书，以无鉴定机构鉴定，申请人对设备存在质量问题无法举证为由，驳回了申请人的诉讼请求。2021 年 11 月 19 日，申请人向被申请人提交《关于某县城西加气站工程建设问题的情况反映》，称申请人两年来多次向被申请人下设机构科技发展中心反映"某县城西加气站储罐 3 吨液化气体不能抽出系工程建设时设计安装错误，燃气工程质量监检时未发现"问题，但未得到有效处理，请求被申请人予以过问。

被申请人收到申请人的情况反映后，转交科技发展中心办理。科技发展中心指派燃气热力中心站对申请人反映的情况进行现场勘察、查阅工程相关资料及规范标准、组织专家讨论，以质量安全监督中心站名义作出《关于某县城西加气站工程建设问题情况的复函》（〔2021〕A 号）送达申请人。2022年 3 月 24 日，科技发展中心认为质量安全监督中心站不具备回复意见的资格，又作出《关于某县城西加气站工程建设问题有关情况的函》（〔2022〕B号），确认《关于某县城西加气站工程建设问题情况的复函》（〔2021〕A 号）无效并撤销。申请人不服，提起行政复议申请。

另查明，2022 年 4 月 28 日，科技发展中心第三次作出《关于某县城西加气站工程建设问题有关情况的函》（〔2022〕C 号），送达申请人。

焦点问题分析

本案的焦点问题包括：一是申请人是否可以向被申请人提出投诉举报；二是被申请人是否需要处理该行政投诉。

（一）关于申请人是否可以向被申请人提出投诉举报的问题

投诉举报是公民的权利。在法律上，公民有权利对任何违反法律、侵犯公民权益或危害社会公共利益的行为进行投诉和举报。公民通过投诉举报可以揭发和打击各类违法违纪行为，如揭露行政不作为、滥用职权、违法乱纪等问题，通过投诉举报引起相关部门的重视，帮助行政机关了解和解决实际问题，促使其采取措施依法处理问题，改进工作方式、提高服务质量和效率，维护社会的公平和正义。当然，投诉举报的方式也能够鼓励公民积极参与社会事务，倡导社会责任意识的形成和发展。本案中，当事人认为自身权益受损，可以依法提出投诉举报。

（二）被申请人是否需要处理该行政投诉的问题

从法律规定上，行政机关需要处理行政投诉的问题。行政机关作为国家行政管理机关，负责行使行政权力，必须依法受理并处理公民、法人或其他组织的投诉事项。对于收到的行政投诉，应当及时进行调查核实，听取当事人的陈述、申辩，并根据相关法律法规和行政程序的要求进行处理。

本案中，一方面，申请人请求被申请人对科技发展中心不处理其口头反映问题的情况予以过问，是希望被申请人行使内部管理职责。经查明，被申请人收到申请人的情况反映后，转交科技发展中心办理，该中心先后三次出具文书，说明申请人请求目的已实现，申请人主张被申请人行政不作为的请求不能成立。另一方面，申请人与储气罐设计方、供应商之间共同试验地埋式加注站，试运行后发现储气罐内气体不能抽出，如该问题导致加气站存在安全隐患，说明此次试验并未成功。申请人应自行整改技术方案，消除隐患，确保安全，而非请求行政机关调查处理试验失败的原因。参考《市场监督管理投诉举报处理暂行办法》第 15 条第 1、2 项规定，当投诉事项不属于市场监督管理部门职责，或者其不具有处理权限；以及法院等其他机构已经受理或者处理过同一消费者权益争议的市场监督管理部门不予受理。因此，对申请人的情况反映，被申请人没有答复的义务。本案中涉及的〔2021〕A 号文件和〔2022〕B 号文件，都没有影响申请人的权利。申请人的行政复议申请不符合行政复议法规定的受理条件。

审理结果

根据《中华人民共和国行政复议法实施条例》第 48 条第 1 款的规定，行政复议机关决定驳回申请人的行政复议申请。

典型意义

党的二十大报告指出，坚持法治国家、法治政府、法治社会一体建设。这既是对公权力运行提出的法治要求，同时对公民、法人和其他组织遵守相关规定提出的要求。法治原则要求依法处理纠纷，对于民事纠纷应当由司法机关通过适用法律、调查事实、评估证据等程序来判断和裁决，以确保公民的法律权益得到保护。行政机关若贸然用行政手段干预民事纠纷，容易产生不公正的裁决，不符合法治原则。因此，作为行政机关，要恪守法律底线，不"乱伸手"主动介入民事纠纷。

当然，公民、法人和其他组织在进行商业活动时应当具备足够的专业知识和经验，应遵循民事、商事的习惯和常识，对商业环境进行充分了解和分析，以评估和判断潜在的商业风险。如果因为个人疏忽、违法行为或其他原因导致经济损失或侵害他人合法权益，公民应当依法承担相应的民事责任。

本案中，某燃气设计院因商业试验失败，经诉讼又败诉的情形下，试图以行政投诉的方式，将调查商业试验失败的责任转嫁由行政机关承担，混淆了民事、行政法律关系，浪费了行政资源。

总之，行政机关在处理民事、商事纠纷时，应当遵守法律法规的规定，维护公平公正的原则。对于当事人的诉求，行政机关应当认真予以受理和处理，并依法采取相应的行政行为。但同时行政机关在处理民事、商事活动时必须遵循法律赋予的权限，并按照法律规定的程序进行操作，不能超越自身的职权范围，不能滥用职权干涉民事、商事活动的正常运行。遇到此类情况，应紧扣行政法律关系性质特点，准确判断争议性质，依法办事，充分发挥行政复议机关在"定分止争"上的积极作用，保障社会的稳定和公正，维护各方利益的平衡。

案例五十六　杨某不服陕西省自然资源厅行政处理案

申 请 人　杨某
被申请人　陕西省自然资源厅

关键词

违法占地　管辖　行政主体资格　法律法规授权

审理要旨

1.《中华人民共和国行政复议法实施条例》第14条规定，行政机关设立的派出机构、内设机构或者其他组织，未经法律、法规授权，对外以自己名义作出行政行为的，该行政机关为被申请人。陕西省自然资源执法局是陕西省自然资源厅的内设机构，因此被申请人是陕西省自然资源厅。

2.行政机关内设机构、派出机构或者其他组织是否具备行政职权主要取决于其是否经过法律、法规的授权。内设机构在没有法律、法规授权下作出的行政行为，会导致行为违法。

基本案情

申请人系某市某区居民，称某公司不经合法程序，将其房屋强行拆除并占用。2020年3月20日，申请人通过邮寄方式向被申请人陕西省自然资源厅提交申请书及相关材料，请求依法对某公司违法侵占其土地的行为进行处罚，并责令交还违法占用的土地，对有关责任人进行处分。3月24日，陕西省自然资源厅收到了申请人提交的申请书及相关材料。3月27日，陕西省自然资源执法局作出告知称，就申请人反映的某公司违法占地问题，根据级别管辖和移送管辖的相关规定，该局已将举报信转送至某市自然资源局核查处理，请申请人向某市自然资源管理部门查询并予以配合。另陕西省自然资源执法局将申请人的立案查处申请书等材料于3月27日转某市自然资源局办理。

申请人不服省自然资源厅行政处理的行为，依法申请行政复议。

焦点问题分析

本案的焦点问题在于：行政机关内设机构能否以自己名义作出行政行为。

1. 《国土资源违法行为查处工作规程》（以下简称《工作规程》）7.1.2级别管辖规定，县级人民政府国土资源主管部门管辖本行政区域内发生的国土资源违法案件。市级、省级人民政府国土资源主管部门管辖本行政区域内重大、复杂和法律法规规定应当由其管辖的国土资源违法案件。国土资源部管辖全国范围内重大、复杂和法律法规规定应当由其管辖的国土资源违法案件。可见，查处国土资源违法行为，是指县级以上人民政府国土资源主管部门，依照法定职权和程序，对自然人、法人或者其他组织违反土地、矿产资源法律法规的行为，进行调查处理，实施法律制裁的行政执法行为。依照上述规定，作出行政行为的主体是县级以上人民政府国土资源主管部门。本案中，陕西省自然资源执行局不是查处国土资源违法行为的主体。

2. 《工作规程》7.1.4移送管辖规定，国土资源主管部门发现违法行为不属于本级或者本部门管辖时，应当移送有管辖权的国土资源主管部门或者其他部门。行政机关内设机构一般不能以自己的名义作出行政行为，它们的设置和职责是为了更好地履行行政机关的职能和任务。根据行政法的原则，行政行为必须由行政机关的责任人或经其授权的人作出，以确保行政行为的规范性、透明性和责任追究。因此，行政机关内设的机构一般需要依据法律规定或行政机关的内部授权才能代表行政机关行使职权。陕西省自然资源执法局作为内设机构在没有法律、法规的授权时将申请人的申请书移送某市自然资源局核查处理，与《工作规程》的规定不符。

审理结果

根据《中华人民共和国行政复议法》第28条第1款第2项、第3项之规定，行政复议机关决定：①撤销《自然资源违法行为举报处理告知书》；②责令被申请人依法对申请人的申请进行处理。

典型意义

法治政府的实质是依法行政的政府，依法行政要求行政主体在执法过程中应严格遵循"法无授权不可为"的原则，它强调了行政机关作出的行为必须有明确的法律依据或授权，否则该行为就是非法的。这既是确保行政机关严格规范公正文明执法的前提，也是建设法治政府、全面推进依法治国的基础和核心。

换言之，行政机关作出的行政行为都要于法有据、程序正当，在没有法律、法规授权或者超出法律、法规授权的范围行使行政权力的行为均属于"越权行为"。行政机关越权可能导致权力滥用，产生不当干预、违反公平正义原则、滥用行政资源等行为，不仅直接影响公民、法人或者其他社会组织合法权益的实现，也会破坏了法治环境和法律体系的建设。因此，为了维护法律的权威和公平正义，行政行为的作出必须具有其必要的限度，以法律、法规规定及授权为根基，及时纠正超越法定职权的错误行为，更好地保护公民合法权益，维护社会公共秩序稳定。

案例五十七　常某不服陕西省市场监督管理局
投诉举报处理案

申　请　人　常某

被申请人　陕西省市场监督管理局

关键词

举报　答复　责令履职　确认违法

审理要旨

1. 准确区分投诉与举报行为，是找准判断处理投诉或举报上位法的前提。投诉救济的是私权利，要求投诉人与投诉事项之间有利害关系；举报则针对社会管理秩序，具有一定公益性的特征。因此，围绕举报，法律法规设置了告知举报人的程序，举报人在举报处理中的权利体现为知情权和获得受益权，行政复议机关审查被申请人的举报处理行为，也要紧扣这两项权利进行评价。

2. 《中华人民共和国行政复议法》第 28 条第 1 款第 3 项规定了复议机关决定撤销、变更或者确认具体行政行为违法，及责令被申请人在一定期限内重新作出具体行政行为的五种情形。行政复议机关面对行政机关违法情形时，应充分考虑决定作出后的实际效果，判断行政机关履职是否还有意义。

基本案情

申请人在某市某区眼镜店购买了"玳瑁传奇 玳瑁天然石头眼镜"1 副，价值 5000 元人民币。2022 年 5 月 7 日，申请人向被申请人实名举报该眼镜店违法销售"玳瑁传奇 玳瑁天然石头眼镜"。被申请人于 5 月 11 日将《实名举报书》分送某市市场监督管理局办理。5 月 17 日，某市某区市场监督管理局收到被申请人的转办单后，于 7 月 19 日向被申请人报送了《某眼镜店处理情况的报告》称：申请人向被申请人实名举报某市某区某眼镜店违法销售"玳瑁传奇 玳瑁天然石头眼镜"一事，已于 2022 年 3 月 22 日、27 日分别向某市市场监督管理局、某市某区市场监督管理局进行过举报。5 月 10 日经现场检查，某市某区市场监督管理局，作出不予立案的决定。5 月 18 日某市某区市场监督管理局执法人员通过微信向申请人送达了《某眼镜店处理情况的答复》。7 月 18 日，某市某区市场监督管理局根据被申请人的转办，向申请人送达了《某眼镜店处理情况的答复》，再次告知申请人，作出不予立案的决定。

焦点问题分析

本案焦点问题包括：一是被申请人是否履行了举报处理的职责；二是实践中行政复议机关如何区分责令履职与确认违法决定。

（一）关于被申请人履行举报处理职责的问题

行政机关履行举报处理职责的目的在于保障社会公正、维护公共利益，并确保行政机关的权力行使不受滥用。《市场监督管理投诉举报处理暂行办法》第 25 条规定，"举报由被举报行为发生地的县级以上市场监督管理部门处理"。第 29 条规定，"收到举报的市场监督管理部门不具备处理权限的，应当告知举报人直接向有处理权限的市场监督管理部门提出"。第 31 条第 2 款规定，"举报人实名举报的，有处理权限的市场监督管理部门应当自作出是否立案决定之日起五个工作日内告知举报人"。行政机关对举报的处理，可以发现和查处违法违纪行为，防止不法行为的继续发生，通过及时处理和追究行政违法行为，可以对违法者起到威慑作用。因此，被申请人收到《实名举报书》后，应当作出是否立案决定，并在 5 日内告知举报人；如果认为不具备处理权限也应向申请人告知直接向有处理权限的市场监督管理部门提出。而被申请人仅将《实名举报书》分送某市市场监督管理局处理，并未向申请人作出告知，未履行上述职责。

（二）关于行政复议机关作出的责令履职与确认违法决定的问题

《中华人民共和国行政复议法》第 28 条第 1 款第 3 项规定了复议机关决定撤销、变更或者确认具体行政行为违法，及责令行政机关在一定期限内重新作出具体行政行为的五种情形。确认行政机关不履行或者拖延履行法定职责违法，是行政机关不履行法定职责的一个亚类或者补充，其含义是指，本来应当判决责令行政机关履行法定职责，只是因为"履行没有意义"，将履行方式转为确认违法。换言之，当责令行政机关履职已经没有必要、没有可能时，行政复议机关仅需确认行政行为违法。本案中，虽然被申请人没有履行法定职责，但某市某区市场监管局已根据被申请人的转办，实际答复了申请人的申请，因此复议机关决定确认省市场监督管理局未履行职责违法。

审理结果

根据《中华人民共和国行政复议法》第 28 条第 1 款第 3 项的规定，行政复议机关决定确认被申请人不履行投诉处理职责违法。

典型意义

引导公民参与法治政府、法治社会的建设，是建设法治国家的题中应有之义。通过举报可以提高公民的监督意识，强化公民的参与意识，增强公民行使检举控告等民主权利的主动性。举报处理一方面有助于防止腐败、滥用职权、侵害公民权益等行为的发生。行政机关及时处理举报，并依法采取行动，可以保护受到侵害的公民和单位的合法权益，维护公共利益和社会公正。另一方面有助于增强行政机关透明度和公信力，公众的举报对于监督政府的行政行为起到积极作用。公众参与举报处理过程，对于增加行政决策的合法性和公正性具有重要意义。此外，行政机关积极履行举报处理职责，可以加强社会对法律法规的遵守，促进行政决策的合理性和合法性，进一步提高社会诚信度和法治意识。

因此，保障公民举报违法事项，提供违法线索的积极性，是营造全社会积极共建法治国家良好氛围的重要举措。行政机关在接到公民、法人或者其他组织的举报后，应当对所反映的事项是否属于行政管理职责范畴加以甄别，再根据相应的法律规范予以办理，并将办理情况及结果及时、准确、完整地书面告知行政相对人，避免出现对行政相对人反映的事项依法应明确答复而未进行明确答复的情形，挫伤行政相对人践行监督权的积极性。此外，行政复议机关处理案件时，对于违法和不当的行政行为，要准确运用撤销、变更、确认违法、责令履行等不同形式的复议决定予以纠正，避免不必要的反复处理和资源浪费。

十、行政裁决

案例五十八　陈某不服某镇人民政府行政裁决案

申　请　人　陈某

被申请人　某镇人民政府

第　三　人　赵某

关键词

土地确权　依法审查　先行调解

审理要旨

1. 行政机关对土地权属争议申请应尽到全面审查责任。应当对申请内容是否有明确的请求处理对象、具体的处理请求和事实根据进行实质审查。对申请人提出的处理土地权属争议的申请，主管部门应当依照《土地权属争议调查处理办法》第 10 条的规定进行审查，并在收到申请书之日起 7 个工作日内提出是否受理的意见。

2. 行政机关应当对受理的土地权属争议案件事实情况进行调查，对申请人提供的证据材料应当查证属实，证据应达到客观、有效、真实性要求，方可作为认定事实的依据。

3. 土地权属争议案件审理应符合法定程序，注重调解等多元纠纷解决方式的运用，在查清事实、分清权属关系的基础上应先行调解，以实现社会效果和法律效果的有机统一。

基本案情

申请人称：1984 年因口粮不够，原村委会将飞星沟口坡地 0.43 亩土地补偿给申请人，由申请人父亲耕种，1989 年申请人父亲过世，该地块由申请人耕种。1991 年第三人向申请人提出暂时借种该地块，考虑到该地块地理位置远且与第三人关系较好，申请人表示同意。2016 年高速路征地时申请人向被申请人及所在社区说明情况，要求该地块征地补偿款暂时不能发放，并提出申请人与第三人谁能拿出该地块分地记录和承包合同，该补偿款归谁所有。后被申请人及社区不听劝阻将征地补偿款打入第三人名下。为追回补偿款，申请人将被申请人诉至某市中级人民法院，某市中级人民法院要求被申请人为申请人进行土地确权。2021 年 12 月申请人向某镇人民政府提出土地确权申请，被申请人于 2022 年 4 月 6 日作出《关于陈某申请土地确权问题的处理决定》，认为申请人提供的分地记录篡改较多、争议地块补偿给申请人存在时间逻辑矛盾，确认该争议土地承包经营权不属于申请人。申请人有社区居委会签字盖章的承包合同、分地记录复印件，四邻地界证明复印件和被申请人做出的信访事项处理意见书，可以作为争议地块确权有效的直接证据，认为该处理决定将争议土地确权归集体所有，与事实不符。

被申请人称：申请人于 2021 年 12 月 6 日向被申请人提交了争议地块确权申请，由于疫情原因被申请人于 2022 年 3 月成立了专门调查小组，经过走访、调查、座谈、取证、研判后认为：①争议地块 0.43 亩土地，位于飞星沟口。地块四邻清楚，东至姜某峰、西至毛某、北至姜某刚、南至纪某。②陈某提供的分地记录复印件字迹潦草且篡改较多，没有明确说明是哪一块地，无法辨别其真实性、合法性，故不能作为该争议地块确权的有效证据。③根据申请人、第三人耕地承包合同档案，1984 年第一轮承包合同和 1998 年第二轮承包合同中申请人、第三人均未取得争议地块的承包经营权，未进行承包登记。④根据调查，该地块是 1986 年某镇中学老师胡某农转非后上交于村集体，申请人也承认是胡某农转非后退回地后划分给他的，故申请人称该争议地块是 1984 年补偿给本人，存在时间逻辑矛盾，诉求不成立。按照《中华人民共和国土地管理法》第 9 条规定，城市市区的土地属于国家所有。农村和城市郊区的土地，除由法律规定属于国家所有的以外，属于农民集体所有；宅基地和自留地、自留山，属于农民集体所有。故该争议地块所有权归村集体所有，承包经营权不属于申请人和第三人。

经审理查明：2019年10月申请人向某市信访局反映，因修建高速路征地款被村镇打给第三人账户，要求追回利息和误工费，被申请人于2019年10月24日受理，并作出信访事项处理意见书，确认村镇错将争议地块征地款打给第三人。因补偿款一直未兑付到位，2021年申请人将被申请人诉至某区人民法院，某区人民法院以缺乏事实根据和法律依据为由驳回申请人起诉。申请人又上诉至某市中级人民法院，后申请人撤诉，向政府申请土地确权。2021年12月申请人向被申请人提出土地确权申请，并提交土地确权申请书。被申请人进行了受理，于2022年3月成立了专门调查小组，并于4月6日对申请人作出《关于陈某申请土地确权问题的处理决定》，认为争议地块所有权归村集体所有，承包经营权不属于申请人、第三人所有。申请人陈某不服该决定，于2022年5月10日向某县人民政府申请行政复议。

焦点问题分析

本案焦点问题包括：其一，被申请人对确权申请事项是否尽到实质审查责任；其二，被申请人作出的处理决定事实认定是否清楚；其三，被申请人作出的处理决定是否符合法定程序。

（一）被申请人对确权申请事项是否尽到实质审查责任

被申请人对确权申请事项未尽实质审查责任。《土地权属争议调查处理办法》第33条规定，乡级人民政府处理土地权属争议参照本办法执行。第10条规定，申请调查处理土地权属争议的，应当有明确的请求处理对象、具体的处理请求和事实根据；第13条规定，对申请人提出的处理土地权属争议的申请，主管部门应当依照本办法第10条的规定进行审查，并在收到申请书之日起7个工作日内提出是否受理的意见。申请人陈某提交的确权申请存在被申请人错误、请求确权事项不明确、争议土地四至不清等问题。被申请人未要求申请人对以上问题进行补正，未尽到实质审查责任。

（二）被申请人作出的处理决定事实认定是否清楚

《土地权属争议调查处理办法》第15条规定，行政主管部门决定受理后，应当及时指定承办人对当事人争议的事实情况进行调查；第21条规定，对当事人提供的证据材料，行政主管部门应当查证属实，方可作为认定事实的依据。本案中被申请人对争议地四至情况及申请人提供的分地记录复印件的真实性未进一步查明。

（三）被申请人作出的处理决定不符合法定程序

按照《土地权属争议调查处理办法》第23条规定，行政主管部门对受理的争议案件，应当在查清事实、分清权属关系的基础上先行调解，促使当事人以协商方式达成协议。被申请人未提交在处理该纠纷过程中依法进行调解的相关证据，属于程序违法。

审理结果

根据《中华人民共和国行政复议法》第28条第1款第3项，复议机关决定撤销《关于陈某申请土地确权问题的处理决定》，由某镇人民政府依法重新作出处理决定。

典型意义

在农村地区，土地是农民的重要财产。随着经济发展，因征地拆迁引发的土地权属纠纷日渐增多，针对此类案件的解决不宜"一刀切"，也不宜"绝对化"，行政机关对土地确权争议纠纷解决中，应以"尊重历史，面对现实"为原则，以"职权法定，程序合法"为底线，以"客观真实、正当合理"为根本，强调督促各乡镇人民政府树立法治思维、规范行政执法行为。一是对群众提起的土地权属争议申请内容应尽到审查责任，对请求处理对象、具体的处理请求和事实根据不明确的应当一次性告知申请人进行补正，避免后续发生行政争议；二是对争议的事实情况要调查清楚，对当事人提供的证据材料，应当查证属实后方可作为认定事实的依据。三是注重多元纠纷解决方式的运用。党的二十大报告提出完善社会治理体系，完善多元解纷体系，打出解纷"组合拳"。面对人民群众不同类型、千头万绪的矛盾纠纷，不同案件的实际情况各不相同，只有做到灵活运用多元解纷体系，才能更好地解决每一起案件中的具体问题。在土地权属复杂争议纠纷解决中更要注重多元解纷机制如调解方式的运用，充分发挥调解优势，注重纠纷解决之中的关键细节，充分关注双方当事人的诉求，反复梳理案情焦点，厘清脉络结构，从而能够第一时间结合实际案情制定有针对性的调解方案，促进纠纷的实质性化解。

十一、行政协议

案例五十九　某公司不服某市某区住房和城乡建设局
行政决定案

申 请 人　某公司

被申请人　某市某区住房和城乡建设局（原某县住建局）

关键词

行政协议　行政决定　意思瑕疵　意思表示 解释

审理要旨

1. 行政协议是指行政机关为实现公共利益或者行政管理目标，在法定职责范围内，与公民、法人或者其他组织协商订立的具有行政法上权利义务内容的协议。行政协议一旦签订，即对行政机关和行政相对人产生法律效力。

2. 对行政协议中意思表示的解释，可以参照民事法律规范相关规定，按照所使用的词句，结合相关条款、行为的性质和目的、习惯、诚信原则以及具体事实等，确定意思表示的真实含义。

基本案情

为有效改善棚户区困难群众住房条件，提升城镇综合承载能力，2014 年，原某县人民政府决定征收凤凰什字西南片区棚户区改造项目区内房屋，统一规划建设。原某县住建局下属的职能部门城改办（甲方）与某公司（乙方）

于 2017 年 7 月 5 日签订了《合作协议》，明确了合作项目的名称、地址、规模、合作模式、双方的权利义务、违约责任等。2022 年 9 月 1 日，被申请人某市某区住房和城乡建设局向申请人某公司送达《关于要求履行〈原某县凤凰什字西南片区（某某家园）棚户区改造项目合作协议书〉催告函》，要求申请人加快工程进度，完成建设并竣工验收后交付 151 套房屋，支付逾期交房过渡费 78.97 万元等。2022 年 11 月 22 日，被申请人向申请人送达《某区住建局关于履行〈原某县凤凰什字西南片区（某某家园）棚户区改造项目合作协议书〉行政决定书》。某公司不服，提出行政复议申请，要求：①撤销被申请人 2022 年 11 月 22 日作出的行政决定书；②责令被申请人及其组建机构原某县城市综合改造办公室按照《合作协议》的约定履行其回购义务，否则，责令被申请人与申请人进行核算并支付申请人购买服务资金。

申请人与被申请人下属的原某县城改办签订的《合作协议》第 3 条约定甲方义务包括：成立案涉项目建设指挥部；积极争取国家开发银行对案涉项目的贷款支持；负责对案涉项目征迁安置房屋回购等；乙方权利义务包括：负责筹措并及时拨付被政府征收土地上全部拆迁费、征收安置费、临时安置补助费、搬迁补助费、搬迁奖励费等相关费用；负责案涉项目区内未纳入棚改项目政策支持范围的拆迁征收费用筹措。2017 年 9 月 15 日，原某县人民政府作出《某县凤凰什字西南片区棚户区改造项目区内房屋征收决定》，明确了征收范围、房屋征收部门、房屋征收实施单位、房屋征收补偿方案、签订房屋征收补偿协议期限等。2017 年 12 月 19 日，原某县城投公司与申请人签订《某县棚户区改造贷款资金借款协议》，约定原某县城投公司将《国开行借款合同》中某市投资（集团）有限公司从国开行所贷的 17400 万元全部借给申请人，协议约定的借款用途为：原某县某某家园棚户区改造项目购买安置房及该项目区内房屋的征收、拆迁等。借款本金及利息均由申请人某公司负责偿还，提款应当严格按照《某县棚户区改造项目资金管理暂行办法》执行，申请人在申请用款时，必须提供《某县棚户区改造项目资金管理暂行办法》中要求的所有资料。

此后，某公司在原某县凤凰什字西南片区（某某家园）棚户区改造项目进程中，分别于 2019 年 6 月 17 日、2020 年 3 月 11 日，以征迁难度大、拆迁周期长、项目进展缓慢、贷款资金使用率不高和新建项目资金压力大等为由，申请提前归还该项目在国开行的贷款，并承诺按期足额归还该项目在国开行自 2016 年 6 月 24 日起贷款所产生的利息及本金，按项目进度及时足额注入该项目征迁资金，用于支付该项目后续征迁补偿及其他相关费用。且本应按期（原某县发改局批复要求的项目建设期限变更为 2018 年至 2021 年）如约完成的凤凰什字西南片区棚户区改造项目，因申请人企业运营艰难，资金压力过大，截至本案审理期间，该棚户区改造项目仍未全面完成。

焦点问题分析

本案焦点问题在于：一是《合作协议》是否属于行政协议；二是"负责对本项目征迁安置房屋回购"的约定是否有效。

（一）关于《合作协议》是否属于行政协议的问题

申请人与被申请人签订的《合作协议》符合行政协议的基本要素和特征，可以认定为行政协议。

（二）关于"负责对本项目征迁安置房屋回购"的约定是否有效的问题

通过申请人在协议签订前后以及协议履行过程中出具的《某县某某家园棚户区改造项目可行性研究报告》《关于申请实施某某家园棚户区改造项目的报告》《2016 年度某某家园棚改项目建议书》等材料可知，申请人在棚户区改造项目建设过程中，是认可全部拆迁费用（包括货币补偿费及购房安置费等）均由某公司承担的。通过《合作协议》可知，申请人与被申请人在协议中约定，申请人的部分义务为负责筹措并及时拨付被征收土地上全部拆迁费、征收安置费、临时安置补助费、搬迁补助费、搬迁奖励费等相关费用等。通过原某县城投公司与某公司签订《原某县棚户区改造贷款资金借款协议》可知，原某县城投公司将从国开行所贷的 17 400 万元全部借给申请人，用作原某县某某家园棚户区改造项目的基本建设贷款，包括购买安置房及该项目区内房屋的征收、拆迁等。即上述国开行贷款在使用范围中，已经包含了案涉项目征迁安置房屋的购买。结合申请人某公司在某某家园棚户区改造项目进程中对部分已交付的安置房履行协议的行为可知，申请人在与原某县城改办签订《合作协议》时，明知该《合作协议》第 3 条甲乙双方的权利义务第 1

款甲方的权利义务第 9 项"负责对本项目征迁安置房屋回购"的约定，并非被申请人在征迁安置房屋建成后，再从申请人处购买安置房的真实意思表示。且被申请人及其下属单位原某县城改办、原某县城投公司在某某家园棚户区改造过程中，已经按照协议约定履行了争取国开行贷款支持和争取省、市关于棚户区改造配套基础设施项目的补助支持等义务，申请人要求被申请人履行"征迁安置房回购"的义务，明显不当，显失公平。被申请人基于《合作协议》的内容，作出的行政决定书，系行政机关行使优益权的行政行为，其作出行政决定书的主体适格。被申请人依法向申请人送达了催告函，经催告后，某公司仍不履行，2022 年 11 月 22 日向其送达了行政决定书，程序合法。

审理结果

1. 维持被申请人 2022 年 11 月 22 日作出的行政决定书；

2. 驳回申请人某公司关于"责令被申请人及其组建机构原某县城市综合改造办公室按照《合作协议》的约定履行其回购义务，否则，责令被申请人与申请人进行核算并支付申请人购买服务资金。"的行政复议申请。

典型意义

根据《最高人民法院关于审理行政协议案件若干问题的规定》，行政协议是指行政机关为了实现行政管理或者公共服务目标，与公民、法人或者其他组织协商订立的具有行政法上权利义务内容的协议。民事合同以意思表示为核心，私人的意思表示只要不存在效力阻却因素，即发生法律效力，当事人之间的约定受法律保护。但是受制于依法行政要求，行政协议当事人的意思表示的效力不宜直接套用民法原理。行政协议具有合意性特征，具备意思表示要素。但是判定意思表示的真实性并非直接根据条款内容进行判定，还必须结合相关条款、行为的性质和目的、习惯以及诚信原则，就公共利益与私人利益进行综合考量和权衡。因为行政协议的缔结和履行直接关系到公共利益和公共秩序，因此对意思表示效力的判断必然包含有对公共利益的衡量。行政协议受依法行政原则和意思自治原则的共同约束，行政机关的意思表示若于法有据且符合内心真意，行政相对人的意思表示符合内心真意，一般认为其合法有效。在司法实践中，法院在评判行政协议具体条款的效力时，除了审查约定条款内容的适法性以外，一般会对行政协议双方是否为真实意思表示进行说明，即在判断行政协议的效力时，法院一般会选择说明"行政协议双方意思表示真实"。如果在缔结行政协议的过程中，协议当事人意思表示存在瑕疵时，则适用行政诉讼法规定的行政行为无效规则，以及适用民法典规定的合同规范中的无效规则，进而确定行政协议的效力。

如何在契约自由与行政监管之间找到最佳的平衡点，是行政协议案件审理的难点。行政机关在行政协议的订立过程中，应秉持公平公正、协商一致等原则，合理利用自身的资源优势，与相对人展开平等协商，达到既实现公共治理，又有效保护和实现相对人合法权益的目的。本案中，案涉行政协议的订立，在程序上符合平等协商的要求，但因行政机关在与相对人签订协议时，对个别条款的真实意思表示不明确，双方对"房屋回购"的合意性在后期产生了分歧。因此，针对协议相对人提出要求行政机关按照行政协议履行"回购"义务之主张，可以参照适用民事法律规范的相关规定对是否属于合意进行审查。行政协议的约定条款应当以当事人立约的真意为准，真意应当以过去事实及其他一切证据资料作为判断标准。

十二、行政补偿

案例六十　某农业专业合作社不服某开发区管理委员会征收补偿决定案

申 请 人　某农业专业合作社

被申请人　某开发区管理委员会

关键词

征收补偿协议　第三方评估　合法　合理

审理要旨

1. 征收主体对城市规划区范围内的被征收人作出征收补偿决定前，在与被征收人就征收财产未达成补偿安置协议的前提下，与被征收人在自愿原则基础上共同协商采用《国有土地上房屋征收与补偿条例》中的价值评估方式对被征收人财产进行补偿，不仅符合《中华人民共和国土地管理法》和《中华人民共和国土地管理法实施条例》的强制性规定，也彰显《最高人民法院关于审理涉及农村集体土地行政案件若干问题的规定》司法精神，有利于保障被征收人的合法权益，征收主体根据该评估结果向被征收人作出征收补偿决定，合法合理。

2. 行政机关作出征收补偿等与相对人权益联系重大的决定，必须做到适用法律正确、程序规范、内容正当，兼顾公共利益与相对人权益最大化平衡。

基本案情

申请人通过流转取得承包经营权的土地位于陕西省人民政府依法批准征收的范围。因被申请人与申请人就案涉地上附着物补偿未达成协议，双方于2019年3月2日共同委托某资产评估有限公司对案涉土地附着物进行评估。某资产评估有限公司遂出具案涉土地附着物《资产评估报告》，得出资产评估价值为871.63万元。20××年12月5日，被申请人根据该评估报告向申请人作出《地面附着物征收补偿决定书》。

申请人认为，申请人是农业经营主体。因农业生产经营需要，第三人于2010年从某村集体流转土地118.6亩，以申请人的名义投资建设现代高标准新农业企业，并于2012年投入人力、物力和财力打造"某大姐"葡萄园品牌。2013年，陕西省人民政府作出征地批复，申请人流转土地在征地范围内。2017年，被申请人开始推进征地工作，致使申请人不能正常生产经营。20××年12月11日，申请人收到被申请人作出的《地面附着物征收补偿决定书》，确定补偿总额为871.63万元。为维护自身合法权益，申请复议机关依法撤销被申请人作出的行政补偿决定，责令被申请人赔偿申请人各项损失3903.225万元，并追究被申请人在本案征地过程中行政违法行为的法律责任。

被申请人认为，申请人通过租赁使用的某村土地，位于陕西省人民政府批准征收范围之内，经与申请人多次协商未达成补偿协议。2019年，申请人与被申请人共同委托某资产评估有限公司对该宗土地进行补偿价值评估，评估结论为871.63万元，该评估结论客观、有效。同时被申请人征收某村集体土地行为，是经省政府批准实施，并严格按照《中华人民共和国土地管理法》《中华人民共和国土地管理法实施条例》依法征收，不存在行政违法行为。因此，被申请人作出的征收补偿决定依据客观、程序合法，请市政府予以维持。

复议机关认为，土地征收是国家为了公共利益需要，依照法律规定的程序和权限将农民集体所有的土地转化为国有土地，并依法给予被征地的农村集体经济组织和被征地农民合理补偿和妥善安置的法律行为。被申请人为加快某高新技术产业开发区建设需要，依据省政府案涉征地批复精神，实施辖区某村土地征收工作，符合《中华人民共和国土地管理法》和《中华人民共和国土地管理法实施条例》相关规定。在实施土地征收过程中，申请人和被申请人未能达成征收补偿协议，共同委托有资质的评估公司对地面附着物进行评估，作出的《地面附着物征收补偿决定书》，程序合法、依据充分。

焦点问题分析

本案焦点问题在于被申请人作出的地面附着物征收补偿决定是否符合相关法律法规规定。结合本案实情，被申请人作出的地面附着物征收补偿决定符合相关法律规定：

1. 根据某市人民政府作出的某政发〔2011〕15 号《关于中心城市规划区范围的通告》可知，申请人案涉土地已经纳入城市规划区范围内。在与申请人就案涉地上附着物未达成补偿协议的情形下，被申请人与申请人经协商后决定采用《国有土地上房屋征收与补偿条例》中的价值评估方式，对申请人案涉地上附着物进行补偿。因共同委托第三方评估公司对地上附着物进行价值评估的结果更加客观、公正，程序也更加严格，故被申请人根据评估结果作出案涉地上附着物征收补偿决定符合《最高人民法院关于审理涉及农村集体土地行政案件若干问题的规定》司法精神，且更有利于保障申请人的合法权益。

2. 陕西省人民政府于 2013 年 12 月 21 日作出《关于某市 2012 年度第十六批次农用地转用和土地征收（灾后重建）的批复》，案涉土地属于该批复征收范围之内，被申请人根据该批复作出案涉地面附着物征收补偿决定符合《中华人民共和国土地管理法》第 45 条强制性规定。

审理结果

根据《中华人民共和国行政复议法》第 28 条第 1 款第 1 项规定，复议机关决定维持被申请人作出的《地面附着物征收补偿决定书》。

典型意义

根据《中华人民共和国行政复议法》相关规定，复议机关在审理行政复议案件过程中，不仅要审查原行政机关行政行为的合法性，还要审查行政行为的合理性。因此，复议机关对原行政机关在履行行政管理职能过程中作出合法合理的行政行为，应当予以充分肯定。这不仅能更好地保障行政相对人的合法权益，还有利于引导行政机关在以后的行政管理过程中尽可能作出合法合理的行政行为，提升行政机关工作人员法治意识，切实规范相关领域的行政管理秩序，有效维护公共利益，进而增强法治政府的公信力。

案例六十一 张某等不服某市人民政府下属某管委会 不履行补偿安置职责案

申 请 人 张某等

被申请人 某市人民政府

关键词

补偿安置 地上附着物 拒收信件 不履行法定职责

审理要旨

1. 我国土地政策历经数次政策变迁和法律修订，根据我国现行法律的规定，土地属于国家所有或者集体所有，中华人民共和国成立后颁发的私有土地契证本身不再具有法律效力。按照尊重历史和照顾现实的原则，征收土地涉及原私有土地契证认定的土地，目前仍由原所有人合法使用的，原所有人享有《中华人民共和国物权法》《中华人民共和国土地管理法》《中华人民共和国土地管理法实施条例》规定的地上附着物权益等，有权向行政机关提出补偿安置申请。

2. 不履行法定职责是指负有法定职责的行政机关在依法应当履职的情况下消极不作为，从而使得行政相对人权益得不到保护或者无法实现的违法状态。不依法履职的具体形式包括违法履职、拒绝履职、不予答复、不完全履职、迟延履职、推诿履职等多种形态。

基本案情

1953 年，申请人张某等父辈在某市某县购买村民马某土地 1.875 亩作为坟地，1954 年陕西省财政厅确认买卖合法并颁发地契，确认申请人张某为新业主。申请人家族在该地块安葬 10 人、6 座坟。2012 年 12 月 31 日，陕西省人民政府作出征地批复，将该地块在内的某市某区相关村组集体土地征收为国有。该地块现已完成土地出让手续，用于建设项目开发，相关项目实施由某市人民政府下属某管委会负责。但申请人张某等未得到补偿安置，自 2014 年该地块发布补偿安置公告开始，申请人与被申请人所属多个部门协商，请求解决补偿安置问题，均未果。2020 年 11 月 19 日，申请人向被申请人下属某管委会邮寄补偿安置申请，该邮件被拒收退回。申请人不服被申请人不履行补偿安置职责，向复议机关提出行政复议申请。

焦点问题分析

本案焦点问题在于被申请人是否构成不履行补偿安置职责。

1. 根据 2014 年《中华人民共和国土地管理法实施条例》第 25 条的规定，征收土地方案经依法批准后，由被征收土地所在地的市、县人民政府组织实施；征收土地的各项费用应当自征地补偿、安置方案批准之日起 3 个月内全额支付。据此被申请人具有履行补偿安置的职责。

2. 申请人向被申请人下属某管委会邮寄补偿安置申请，邮寄地址正确，邮件明确注明被拒收，被申请人称从未收到任何补偿申请，复议机关不予认可。被申请人下属某管委会拒收申请人的补偿安置申请信件，应当视为其对申请人补偿安置申请的拒绝，属于未履行法定职责。

审理结果

根据《中华人民共和国行政复议法》第 28 条第 1 款第 2 项之规定，行政复议机关决定责令某市人民政府在 60 日内就申请人的补偿安置申请作出处理。

典型意义

近几年行政复议案件统计分析显示，行政不作为类案件较多，表现为对相对人的有关申请不予处理。行政不作为是与行政作为相对应的一种行政行为类型。行政不作为是一种违法行为，这种违法性是由其本质决定的。行政机关的职权由法律赋予，"有权必有责"，行政机关负有完全履行法定职责的义务。行政不作为是行政机关不履行、消极履行其作为义务的一种现实状态，其后果是直接侵害了公共利益和行政相对人的权益，即构成违法。

随着经济社会发展的需要，各地均成立各种类型的开发区，赋予部分经济社会管理权限，以促进经济活力，推动当地经济发展。由于开发区以发展经济为目标，人员大多为聘用，缺乏法律意识，也缺乏行政机关工作经验，依法行政意识和能力不强，成了法治政府建设的短板。不遵守程序、超越职权乱作为、行政不作为等情况较易发生。本案为典型的怠于履行职责，既损害了当事人的权益，也导致争议不能及时化解，损害了行政机关依法行政的形象。行政不作为的主要原因是工作人员责任心不强、怠于处理。同时部分行政机关职责分工不清晰，文件周转不顺畅，对相对人的申请出现衔接空档，未能及时处理，导致对相关事务处理不及时，超过法定处理期限，构成违法行为。个别部门对相对人各类诉求不愿处理，干脆拒绝接收信件。这些情况偏离了"民有所呼，我有所应"、全心全意为人民服务的宗旨。十八届四中全会《中共中央关于全面推进依法治国若干重大问题的决定》明确指出："行政机关要坚持法定职责必须为、法无授权不可为，勇于负责、敢于担当，坚决纠正不作为、乱作为，坚决克服懒政、怠政，坚决惩处失职、渎职。"中共中央、国务院印发的《法治政府建设实施纲要（2021—2025年)》提出，对不作为乱作为的依规依法严肃问责。作为建设法治政府、全面推进依法治国的重要组成部分，行政复议机构在此类案件办理中要坚持依法办案，坚决纠正违法的行政不作为，切实发挥行政复议强大的监督功能，促进行政机关规范执法。

对行政复议中发现的行政执法中的问题，行政复议机构及时总结研究，并向行政机关制发意见书，提出专业性的意见，从而指导行政机关加强和改进依法行政，化解行政争议。

案例六十二　张某等不服某市人民政府不履行征收
补偿安置职责案

申 请 人　张某等

被申请人　某市人民政府

关键词

补偿安置　集体经济组织成员认定　户口　成年继子女

审理要旨

1. 在界定征地补偿费用分配等纠纷中涉及集体成员资格认定时，要在现行法律规定框架内，综合考虑申请人的生产与生活状况、户口登记状况、农村土地对农民的基本生活保障功能等因素予以认定。在资格认定标准的采用过程中，以户籍标准为形式要件，以权利义务标准、实际生产生活标准和基本生活保障标准等为实质要件，综合认定农村居民的集体经济组织成员资格。

2. 集体收益分配权以是否拥有集体经济组织成员资格为依据，户口登记不作为享有集体收益分配权的依据，户口迁移与集体利益收益分配无关。虽然申请人户口迁入村集体，但是未在村内进行生产生活，未履行村民义务，则不享受村集体财产分配，未与农村集体经济组织形成权利义务关系，不是村集体经济组织成员。

基本案情

2013 年 1 月，瑚某携俩在读子女张某男、张某女，搬至某村 89 号与王某共同生活，2014 年双方办理了结婚登记。张某男生于 1990 年 5 月 14 日，张某女生于 1989 年 2 月 26 日。王某与瑚某结婚前，拥有一处宅基地。2017 年 6 月 20 日，张某男将户口从外地迁至某村 89 号，并于 2017 年 11 月 8 日与户某结婚。2018 年 1 月 12 日，户某将户口从外地迁至某村 89 号。2018 年 2 月 26 日，张某女与马某结婚。2018 年 4 月 28 日，张某女将户口由外地迁至该村 89

号。2018 年 5 月 14 日，马某将户口由外地迁至该村 89 号。2019 年 11 月 1 日，某市人民政府发布《补偿安置实施办法》。根据该规定，张某男、张某女在将户口迁至继父所在村时均已成年，与其母亲瑚某已不具有抚养关系。户某、马某因婚姻将户口迁入该村，但四人均未在该村进行生产生活，未履行村民义务，不享受村集体财产分配，未与农村集体经济组织形成权利义务关系。因此，申请人不是集体经济组织成员，不符合安置方案中被安置对象的条件，不应获得补偿安置。由此发生争议，申请人提起行政复议申请。

焦点问题分析

本案焦点问题在于成年继子女能否获得户口迁入地征地安置补偿。

1. 根据当时施行的《中华人民共和国婚姻法》第 23 条规定，父母有保护和教育未成年子女的权利和义务。第 27 条规定，继父母与继子女间，不得虐待或歧视。继父或继母和受其抚养教育的继子女间的权利和义务，适用本法对父母子女关系的有关规定。根据前述规定，张某男、张某女在 2014 年均已成年，与宅基地户主、房屋所有权人王某未形成法律上的父母子女关系，张某男的妻子户某、张某女的丈夫马某与王某亦未形成亲属关系（户主儿媳、女婿）。瑚某与王某结婚前，王某拥有宅基地使用权以及地上房屋所有权，该宅基地及地上房屋系王某个人财产，不因婚姻关系而变为夫妻共同财产或家庭共同财产。因此，申请人在该村无宅基地使用权及房屋所有权。

2. 申请人未在村内进行生产生活，未履行村民义务，不享受村集体财产分配，未与农村集体经济组织形成权利义务关系，不是村集体经济组织成员。故，申请人不符合《补偿安置实施办法》规定的补偿安置条件。

审理结果

根据《中华人民共和国行政复议法实施条例》第 48 条第 1 款第 2 项规定，决定：驳回申请人的行政复议申请。

典型意义

农村集体经济组织成员资格是成员权行使的前提，更是推动农村集体产权制度改革和推进农地三权分置过程中的核心问题，如何妥善界定成员资格具有重大的理论和现实意义。随着城市化、城镇化步伐加快，征地补偿标准提高，集体土地征收补偿安置分配问题日益凸显，农村集体经济组织成员资格认定从而成为补偿安置的重点和难点问题。目前，对农村集体经济组织成员资格认定尚无明确法律规定或司法解释的规定，相关规定只散见于部分地区的规范性文件或者政策文件中。

在农村集体经济组织成员资格认定尚无统一的法定标准的情况下，仅以单一标准进行认定将会引起各种争议问题。因此，行政机关需要在综合考虑各种因素的基础上审慎作出认定。首要的考量因素是当事人是否长期在农村集体经济组织内生产生活。最高人民法院《第八次全国法院民事商事审判工作会议纪要》提到，审理土地补偿费分配纠纷时，要在现行法律规定框架内，综合考虑当事人生产生活状况、户口登记状况以及农村土地对农民的基本生活保障功能等因素认定相关权利主体。在行政实践和司法实践当中，在集体经济组织内生产生活的人方能被认定为具有集体经济组织成员的资格。其次，当事人是否承担集体经济组织义务。成员的义务一般包括参与公共事务、进行劳务活动等，对村集体经济组织成员而言，承担集体经济组织义务与享有集体经济组织权利不可分割。按照权利与义务相一致原则的要求，履行相应集体义务方能与其他集体组织成员获得同等权益。最后，当事人是否具有农业户口可以作为参考依据。由于目前城乡人口流动加快，户籍信息无法反映真实的土地权益情况，因此户口登记一般不作为享有集体收益分配权的依据。在进行资格认定时，对于依法登记了农业户口的当事人，还需要结合是否长期在农村集体经济组织内生产生活、是否承担集体经济组织义务因素作出判断。注重农民的生存和发展、保障农民基本生活需要是解决"三农"问题、促进乡村振兴的基础和前提。从集体土地所有权本身来说，农村土地以集体所有制形式呈现的主要原因，是为了每个集体成员都能获得基本生活保障，源于其依赖集体土地而生存，而这也是集体土地所有制的基本功能。

征地拆迁关系群众切身利益，关系社会和谐稳定。党中央、国务院高度重视征地拆迁工作，要求严格依法按程序办事，切实做到依法、文明、和谐拆迁。按法定程序和政策规则拟定征地拆迁安置补偿方案，采用征地告知书、听证告知书等公告文书形式，将拟征收土地的范围、面积、用途、补偿方式、补偿标准、安置途径等，告知相关被征地农村集体经济组织和农户。本案中，成年继子女并未在该村生产生活，仅仅以户口"挂靠"的形式，要求获得安置补偿，不符合相关规定。